LE FILS DE LOUIS XV

LOUIS

DAUPHIN DE FRANCE

17.. — 1765

PAR

ÉMILE DE BROGLIE

PARIS

PLON ET Cie, IMPRIMEURS-ÉDITEURS

10, RUE GARANCIÈRE

1877

Tous droits réservés

E. PLON et Cⁱᵉ, IMPRIMEURS-ÉDITEURS
8 ET 10, RUE GARANCIÈRE, PARIS

LE FILS DE LOUIS XV

LOUIS

DAUPHIN DE FRANCE

1729-1765

PAR

EMMANUEL DE BROGLIE

PROSPECTUS

Pour faire apprécier du lecteur l'intérét du livre que nous lui présentons aujourd'hui, nous ne pouvons mieux faire, croyons-nous, que de transcrire ici les lignes suivantes extraites de la préface de l'auteur :

« Le Dauphin, fils de Louis XV, a été peu connu, méme de son temps. Laissé dans l'ombre par son père, qui craignait l'austérité de son caractère, il a vécu pour ainsi dire à côté des événements, sans que jamais il lui ait été permis d'y prendre une part active. Aussi l'histoire ne fait-elle presque pas mention de lui : une phrase banale sur sa vertu, voilà tout ce qu'on accorde généralement au fils du Roi le plus tristement célèbre de la monarchie. Et au premier abord, en effet, il semble qu'une vie retirée doive offrir peu d'intérêt; cependant, à y regarder de plus près, la fermeté constante que le Dauphin opposa à tous les efforts tentés pour l'entraîner au vice, le contraste même de cette vertu persévérante et tranquille et de tous les scandales qui s'étalaient alors à la cour, son ardeur invincible pour le travail, que le découragement même ne put abattre, ne sont-ce pas là des traits qui distinguent le Dauphin de ses contemporains et donnent à son caractère une originalité qui a son prix?

« En suivant le Dauphin dans l'ombre où il s'est plu à se cacher, on découvrira avec étonnement, peut-être même avec admiration, tout ce qui s'est dépensé d'amour du pays, de patience, de force d'âme dans cette courte existence qui a laissé si peu de traces. Les événements mirent le Dauphin en avant une ou deux fois dans sa vie, et il sut montrer dans des circonstances difficiles une fermeté et une intelligence qui frappèrent même ses ennemis, mais qui ne firent qu'accroître la secrète jalousie de Louis XV. Ce sentiment était si visible chez son père, que l'âme scrupuleuse du Dauphin en conçut à l'égard du Roi une sorte de timidité qui ne l'abandonna jamais.

« Consumé par des désirs impuissants, rongé d'ennuis et de dégoûts, il s'éteignit jeune encore, victime, on peut bien le dire, de sa passion pour le bien public, et le cœur navré des fautes qu'il voyait commettre sans pouvoir les empêcher. Les contemporains, qui n'avaient pas toujours semblé l'apprécier pendant qu'il vivait, le pleurèrent à sa mort et en gardèrent un fidèle souvenir. Sa fin arracha l'éloge même à ses plus ardents adversaires, les philosophes, et Diderot put dire de lui : « Sa mort a révélé le secret de sa vie. »

« Peut-être le lecteur se demandera-t-il ce qui serait arrivé si, au lieu d'un jeune homme à la fois craintif et inexpérimenté, tel que fut Louis XVI, la mort de Louis XV avait fait monter sur le trône un homme mûri par l'âge, la retraite et les dégoûts, et dont la fermeté avait été mise à si forte épreuve. La partie, jouée par un tel monarque, n'aurait-elle pas été plus égale entre la Monarchie et la Révolution ? Une main ferme, un esprit même moins ouvert que celui de Louis XVI, mais plus sûr, auraient pu sauver au moins quelque chose de cet ancien gouvernement, qui a sombré tout entier, et empêcher cette rupture si profonde qui sépare la société moderne de l'ancien régime.

« La figure du Dauphin, à la fois grave et mélancolique, au milieu de tous les personnages fardés, poudrés, faussement sensibles du dix-huitième siècle, fait naître l'impression que produit parfois une fleur naturelle portée dans une fête mondaine : elle émeut et remue le fond du cœur parce qu'elle est vraie et que son parfum vient de Dieu. »

Cet ouvrage forme un beau volume in-18 de 350 pages

Prix : 3 fr. 50 c.

PARIS. TYPOGRAPHIE DE E. PLON ET Cⁱᵉ, 8, RUE GARANCIÈRE.

LE FILS DE LOUIS XV

LOUIS

DAUPHIN DE FRANCE

PARIS. TYPOGRAPHIE DE E. PLON ET Cie, RUE GARANCIÈRE, 8.

LE FILS DE LOUIS XV

LOUIS

DAUPHIN DE FRANCE

1729-1765

PAR

EMMANUEL DE BROGLIE

PARIS

E. PLON et Cie, IMPRIMEURS-ÉDITEURS

RUE GARANCIÈRE, 10

1877

AVANT-PROPOS

On a beaucoup écrit sur le dix-huitième siècle. Les mémoires vrais ou faux abondent sur cette période de notre histoire, et les écrivains y ont cherché, sous les récits scandaleux qui s'y rencontrent à chaque pas, les faits caractéristiques qui sont les signes précurseurs et les causes de la Révolution française. L'histoire littéraire de cette époque a été écrite à plus d'une reprise, et, en fait d'objets d'art, le goût du siècle de Louis XV est plus à la mode que jamais. Il semble donc que cette génération, où l'esprit régnait en maître au milieu d'une société brillante et raffinée, exerce un singulier attrait, même sur ceux qui sont le plus disposés à la condamner. C'est qu'aussi jamais époque ne fut plus fertile en contrastes. C'est là l'explication du charme étrange qu'offre l'étude du dix-huitième siècle aux esprits les plus divers. Chacun croit pouvoir y puiser des arguments et des exemples pour défendre ses opinions et combattre celles de ses adversaires; car, à ce moment de l'histoire, tout se trouve; tous les extrêmes et tous les contraires se rencontrent.

Le récit qui va suivre mettra en lumière un nouvel exemple de ces contrastes. Le Dauphin, fils de Louis XV, a été peu connu, même de son temps. Laissé dans l'ombre par son père, qui craignait l'austérité de son caractère, il a vécu pour ainsi drie à côté des événements,

sans que jamais il lui ait été permis d'y prendre
une part active. Aussi l'histoire ne fait-elle presque pas mention de lui : une phrase banale sur
sa vertu, voilà tout ce qu'on accorde généralement au fils du Roi le plus tristement célèbre
de la monarchie. Et au premier abord, en effet,
il semble qu'une vie retirée doive offrir peu
d'intérêt; cependant, à y regarder de plus
près, la fermeté constante que le Dauphin
opposa à tous les efforts tentés pour l'entraîner
au vice, le contraste même de cette vertu persévérante et tranquille et de tous les scandales qui s'étalaient alors à la cour, son ardeur
invincible pour le travail, que le découragement même ne put abattre, ne sont-ce pas là
des traits qui distinguent le Dauphin de ses
contemporains et donnent à son caractère une
originalité qui a son prix? L'histoire générale n'a pas, dans sa marche rapide, le temps
de nous montrer le détail d'une vie dont les

traces se sont si vite effacées. Les grands faits, les grands caractères qui ont influé sur ces faits peuvent seuls l'occuper. Ainsi disparaissent, dans l'inexorable oubli du passé, plus d'un fait curieux, plus d'un utile enseignement. Les biographies individuelles peuvent seules, grâce aux détails qu'elles comportent, nous montrer ce qu'ont été réellement ceux qui ont vécu avant nous et comment ils ont su se tirer à leur honneur de la périlleuse épreuve de la vie.

Le Dauphin, alors que nul n'eût songé à trouver étrange que le fils imitât les désordres du père, sut placer plus haut son idéal, et le spectacle des luttes constantes qu'il eut à subir pour y rester fidèle émeut involontairement, et donne un charme singulier à cette existence si différente de tout ce qui l'entourait. Il y a quelque chose d'héroïque dans cette résistance qui, sans bruit, sans affectation, sut ne se démentir jamais, et que ni la défaveur paternelle, ni même la disgrâce ne purent plier.

A notre époque, où les liens de famille sont plus relâchés et où le principe d'autorité a moins de vigueur qu'autrefois, cette résistance silencieuse étonne peut-être, et l'on voudrait trouver chez un jeune prince une indignation contre le vice plus véhémente et moins contenue. Mais il faut se reporter un siècle en arrière, alors que le pouvoir royal et l'autorité paternelle étaient encore universellement respectés et obéis. Nul n'eût compris, il y a cent ans, qu'un fils et un sujet osât censurer publiquement son père et son Roi. En suivant d'ailleurs le Dauphin dans l'ombre où il s'est plu à se cacher, on découvrira avec étonnement, peut-être même avec admiration, tout ce qui s'est dépensé d'amour du pays, de patience, de force d'âme, dans cette courte existence qui a laissé si peu de traces. Les événements mirent le Dauphin en avant une ou deux fois dans sa

vie, et il sut montrer dans des circonstances difficiles une fermeté et une intelligence qui frappèrent même ses ennemis, mais qui ne firent
qu'accroître la secrète jalousie de Louis XV.
Ce sentiment était si visible chez son père, que
l'âme scrupuleuse du Dauphin en conçut à
l'égard du Roi une sorte de timidité qui ne
l'abandonna jamais. De là résultait dans sa
conduite une certaine gaucherie maladroite qu'il
sentait lui-même et qui le portait toujours à s'effacer. Ses bonnes intentions, ses qualités réelles
restèrent donc sans fruit. Né avec le goût des
armes, on le tint toujours loin de l'armée. Possédé de l'amour du bien public, il ne put rien
faire pour contenter son envie d'être utile à la
France. Doué par la nature de tout ce qu'il faut
pour régner et bien gouverner, il dut languir
dans l'oisiveté; aussi, consumé par des désirs
impuissants, rongé d'ennuis et de dégoûts, s'étei-
gnit-il jeune encore, victime, on peut bien le

dire, de sa passion pour le bien public, et le cœur navré des fautes qu'il voyait commettre sans pouvoir les empêcher. Les contemporains, qui n'avaient pas toujours semblé l'apprécier pendant qu'il vivait, le pleurèrent à sa mort et en gardèrent un fidèle souvenir. Peut-être trouvera-t-on, en connaissant mieux le Dauphin, que ce jugement tardif était le véritable et qu'il méritait ces regrets. Son caractère, il est vrai, ne s'était montré tout entier que sur son lit de mort. Il fut si ferme et si simple à ce moment terrible, qui fait tomber tous les masques, que sa fin arracha l'éloge même à ses plus ardents adversaires, les philosophes, et que Diderot put dire de lui : « Sa mort a révélé le secret de sa vie [1]. »

Avec quelque soin que le Dauphin ait été tenu et se soit tenu lui-même à l'écart de la

[1] GRIMM, 15 janvier 1767. Édition Furne, 1829.

direction générale des événements politiques, il vivait trop près du théâtre de ces événements pour que l'on puisse raconter sa vie sans parler des faits contemporains. Aussi pourra-t-on trouver dans le simple récit de sa vie l'explication de plus d'un fait obscur ou singulier de cette époque. En particulier, la vie de la cour à la fin du siècle dernier en sera mieux connue et mieux appréciée.

Le caractère du Roi, par exemple, sera mieux compris quand on aura vu sa conduite à l'égard de son fils. Il est plus aisé de comprendre la manière dont fut gouvernée la France, lorsqu'on assiste à ce qui se passait dans cet intérieur royal. Un homme qui tenait si peu de compte de ses enfants, qui les condamnait, sans s'émouvoir, à une situation humiliante, pouvait bien rester indifférent au sort de la France. Le cœur du père explique le cœur du Roi. Enfin, après avoir fait connaissance avec le Dauphin, peut-être le lecteur se demandera-t-il ce qui serait arrivé si, au lieu d'un jeune homme à la fois craintif et inexpérimenté, tel que fut Louis XVI, la mort de Louis XV avait fait monter sur le trône un homme mûri par l'âge, la retraite et les dégoûts, et dont la fermeté avait été mise à si forte épreuve. La partie, jouée par un tel monarque, n'aurait-elle pas été plus égale entre la monarchie et la révolution? Une main ferme, un esprit même moins ouvert que celui de Louis XVI, mais plus sûr, auraient pu sauver au moins quelque chose de cet ancien gouvernement, qui a sombré tout entier, et empêcher cette rupture si profonde qui sépare la société moderne de l'ancien régime. Dieu a épargné au Dauphin cette tâche, qu'il était peut-être au-dessus des forces humaines de remplir tout entière. Les efforts qu'il fit sans relâche pour s'y préparer ne lui donnent pas

1.

moins droit à la reconnaissance de la postérité.

Il y a, dans tous les temps, des représentants de ce qui se pourrait appeler la grande famille des hommes de bien. A toutes les époques, dans toutes les situations, il y a eu, et il y aura des âmes vigoureuses qui lutteront contre les vices qui les environnent. Ce serait une histoire curieuse et attachante que celle des divers représentants de cette classe d'hommes qui passent sur la terre souvent sans laisser derrière eux de grands travaux ni des œuvres immortelles, mais qui conservent le dépôt des vertus et transmettent de génération en génération les fortes traditions qui maintiennent les sociétés et apaisent la colère de Dieu au jour de malheur. Le Dauphin a fait partie de cette espèce de bourgeoisie du bien. Plus l'espèce en était rare à la cour de Louis XV, plus il est intéressant d'en garder le souvenir. La figure du Dauphin, à la fois grave et mélancolique, au milieu de tous les personnages fardés, poudrés, faussement sensibles de cette époque, fait naître l'impression que produit parfois une fleur naturelle portée dans une fête mondaine : elle émeut et remue le fond du cœur parce qu'elle est vraie et que son parfum vient de Dieu.

LE FILS DE LOUIS XV

LOUIS

DAUPHIN DE FRANCE

1729-1765

CHAPITRE PREMIER

Naissance du Dauphin. — Enfance et éducation.

Septembre 1729. « Grand événement dans notre État; dimanche, 4 de ce mois, entre trois et quatre heures du matin, la Reine est accouchée d'un Dauphin ».

C'est ainsi que l'avocat Barbier annonce dans son Journal la naissance de Louis, Dauphin de France. C'était en effet un grand événement que la venue au monde d'un enfant qui assurait la succession directe de la couronne. Marié depuis quatre ans avec Marie Leczinska, Louis XV n'avait pas encore d'héritier. Toute la cour, et le Roi plus que personne, soupirait après le moment qui verrait naître un Dauphin et qui affermirait la puissance royale en maintenant la couronne dans la branche aînée de la maison de Bourbon. La Reine, par d'autres motifs encore, appelait depuis longtemps le jour où elle se verrait mère de l'héritier du trône. Rien jusque-là, à la vérité, n'avait troublé l'union de Louis et de Marie Leczinska. Indifférent et ennuyé, Louis XV, s'il ne témoignait pas à Marie une affection bien vive, était du moins plein d'attentions et d'égards pour elle. Une seule chose attristait la vie de la jeune Reine, c'était la méfiance qu'entretenait contre elle le premier ministre, le cardinal de Fleury. Ce sentiment datait déjà de loin. La Reine conservait une grande reconnaissance pour le duc de Bourbon, qui l'avait placée sur le trône de France. Lors de la disgrâce de ce prince, elle avait osé parler au Roi en sa faveur. Bien que ces sollicitations

n'eussent point eu d'effet sur l'esprit du Roi, le
cardinal de Fleury était resté blessé de la tentative
faite en faveur de son rival, et toute son action
s'exerçait, non sans succès, pour éloigner le Roi
d'une influence qu'il supposait lui être contraire.
La froideur s'établissait ainsi entre les deux époux,
et la cour s'habituait à ne compter pour rien
cette jeune Reine que des circonstances si impré-
vues avaient fait monter sur le trône de France.
La naissance d'un Dauphin allait, du moins la
Reine et ses amis l'espéraient, mettre un terme à
cet état de choses. Aussi, depuis longtemps déjà,
demandait-elle avec ardeur au ciel de lui donner
un fils. L'année précédente, dans la ferveur d'une
communion faite avec le Roi, elle avait fait vœu
de se rendre en un pèlerinage dans l'antique mé-
tropole de Chartres, si le ciel lui accordait cette
faveur.

Le 27 septembre 1729, ses vœux furent accomplis. Le Dauphin, aussitôt après sa naissance, fut
ondoyé par le cardinal de Rohan, grand aumônier de France, et remis entre les mains de la
duchesse de Ventadour, qui avait été gouvernante

de Louis XV, et dut s'acquitter auprès du fils de l'emploi qu'elle avait déjà rempli auprès du père. On dépécha des courriers à Paris et à l'étranger, afin de publier cette heureuse nouvelle. Le Roi alla en grande pompe à Notre-Dame, au *Te Deum* qu'il avait prié l'archevêque de faire chanter par la lettre suivante : « Mon Cousin, de toutes les grâces qu'il a plu à Dieu de répandre sur moi depuis mon avénement à la couronne, celle qu'il m'accorde aujourd'hui par la naissance d'un fils, dont la Reine, ma très-chère épouse et compagne, vient d'être heureusement délivrée, est la marque la plus sensible que j'aie encore reçue de sa protection. J'y suis d'autant plus sensible, qu'en comblant les vœux de mes peuples il assure le bonheur de l'État. C'est dans les sentiments de la plus juste reconnaissance que j'ai d'un événement aussi avantageux, que je crois ne pouvoir trop rendre à la divine Providence les actions de grâces qui lui sont dues. Et je vous fais cette lettre pour vous dire que mon intention est que vous fassiez chanter un *Te Deum* en l'église métropolitaine de ma bonne ville de Paris, au jour et à l'heure que

le grand maître ou le maître des cérémonies vous
dira de ma part, et que vous ordonniez une pro-
cession générale et les prières publiques accoutu-
mées en pareille occasion. Sur quoi, je prie Dieu
qu'il vous ait, mon Cousin, en sa sainte et digne
garde. »

Des fêtes brillantes signalèrent à Paris la naissance du Dauphin ; on fit de splendides illumina-
tions, et l'on distribua de l'argent et des vivres au
peuple. Après le *Te Deum*, le Roi alla souper en
grande cérémonie à l'hôtel de ville. Une foule
immense le suivait partout sur son passage. On
jeta en pièces d'or et d'argent plus de 30,000 livres
au peuple, pendant que le fameux financier Sa-
muel Bernard ouvrait sa maison à tout venant et
faisait couler des flots de vin, ce qui ne lui coûta
pas moins de 50 à 60,000 livres. A Versailles, ce
fut pendant huit jours le plus singulier spectacle :
des bandes de bouchers, de menuisiers, de haren-
gères et autres venaient, avec des violons en tête,
parâder dans la cour de marbre en criant : « Vive
le Roi ! » L'Europe n'accueillit pas avec moins de
satisfaction une nouvelle qui éloignait la chance

d'une guerre générale, car tout faisait prévoir que
Philippe V aurait revendiqué le trône de France,
si Louis XV fût mort sans héritier. On appela le
Dauphin « l'Enfant de l'Europe », pour témoigner
que sa naissance était un gage de paix. Tout semblait donc présager un heureux avenir à cet enfant,
objet de tant de vœux. Tout ce que la fortune peut
offrir s'était réuni sur ce fils de Roi. Qui lui eût
prédit un sort triste et obscur eût paru aussi mauvais prophète que malhabile courtisan. Et cependant c'était là ce que la destinée lui réservait.

Les premières années de la vie d'un homme
donnent souvent plus que celles qui suivent la
clef de son caractère. On y surprend les penchants
naturels, les inclinations véritables de l'âme avant
que les événements leur aient fait prendre une
direction qui souvent les altère et les dissimule.
Ce premier épanouissement de la vie laisse l'œil
de l'observateur pénétrer parfois bien avant dans
le cœur d'un enfant qui se livre tout entier au
bonheur d'exister. Les premières années du Dauphin sont curieuses à ce point de vue : elles nous
le montreront tel qu'il avait été fait par la main

de Dieu, bien différent de ce que le firent l'éducation qu'il reçut et le milieu qui l'entourait.

Le Dauphin était né avec une âme vive et altière. Dès sa plus tendre enfance, la contradiction lui fut insupportable. Il semblait que tout devait lui céder. Lorsqu'il sut parler, on vit se révéler en lui une hauteur qui le faisait reconnaître comme le petit-fils de Louis XIV. « Faites donc taire ce vent-là », disait-il un jour, ennuyé de ce que le vent soufflait trop fort dans les corridors. Il alliait pourtant à cet orgueil enfantin une amabilité naturelle et une charité instinctive, qui se montrèrent tout de suite. Il aima à donner dès qu'il sut ce que c'était qu'un don. Un jour, pendant qu'on le promenait, il vit un pauvre homme qui demandait l'aumóne avec de longs gémissements et des gestes expressifs. Ce spectacle frappa l'enfant, qui ne savait pas encore parler ; il se mit à s'agiter et ne se calma que quand le pauvre mendiant eut reçu son aumóne, et exprima alors sa joie par un visage satisfait. Il était facile de remarquer en lui ce mélange de hauteur et de générosité naturelle qui se faisait jour à tout moment. Un jour que le cardinal de Fleury, afin de rabaisser un peu chez lui ce sentiment exagéré de sa grandeur, s'amusait pendant son souper à lui montrer tous les objets de la chambre en disant : « Ceci, Monseigneur, est au Roi ; cela est encore au Roi ; rien de cela ne vous appartient » — « Au moins, repartit vivement le jeune prince, mon cœur et mon esprit sont à moi. » Singulière réponse, dont l'avenir montra toute la vérité : celui qui la faisait sut toujours garder siens son cœur et son esprit, et ne se livra jamais à personne. Ayant su que la croix de Saint-Louis qu'il voyait porter par des soldats, autour de lui, était la marque du mérite, chaque fois qu'il voyait quelqu'un porter cette croix : « Voilà encore, disait-il, quelqu'un qui sert bien le Roi. » La ville de Paris lui offrit, selon un ancien usage, les premières armes qu'il porta : c'étaient une épée, un fusil et deux pistolets très-bien travaillés et proportionnés à sa taille. Charmé de ce présent et séduit par l'éclat de ces petites armes : « Ah! s'écria-t-il, que je suis content de la bonne ville de Paris ; je l'aime de tout mon cœur. » La vivacité, la curiosité de son esprit étaient extrêmes, et madame de Ventadour ne pouvait pas toujours répondre aux nombreux pourquoi dont le jeune Dauphin la poursuivait.

Quand il eut atteint l'âge de six ans et demi, il fut remis entre les mains des hommes. C'était dans ce temps une date importante de la vie d'un prince. De ce jour il devenait quelqu'un dans l'État, recevait les ambassadeurs, paraissait dans toutes les cérémonies et avait partout sa place et son rôle marqués. Généralement l'âge de sept ans était désigné pour ce passage : le développement précoce du Dauphin fit devancer le terme accoutumé, et, quand il eut six ans accomplis, il fut remis entre les mains du comte, depuis duc de Châtillon, que le Roi avait nommé son gouverneur. Le duc de Luynes raconte avec détails, dans ses *Mémoires*, cette scène curieuse. « Voici[1], dit-il, ce qui s'est passé quand M. le Dauphin a été remis entre les mains des hommes : le samedi 14, les médecins et chirurgiens du Roi se

---

[1] **14** janvier 1730, *Mémoires du duc de Luynes.*

rendirent le matin chez M. le Dauphin, le visi-
tèrent en présence de madame la duchesse de
Ventadour, gouvernante ; de madame de Tallard,
qui a la survivance, et de madame de X., sous-
gouvernante. Ensuite, la famille fit procès-verbal
de cette visite, suivant l'usage en pareille occasion. Elle aurait dû être faite dans le cabinet du
Roi, c'était la coutume ; mais M. le Dauphin étant
enrhumé, on ne jugea pas à propos qu'il sortît.

« Le lendemain après dîner, M. le Dauphin,
madame de Ventadour, madame de Tallard et madame de X..., qui l'ont élevé, se rendirent chez le
Roi. Sa Majesté les fit passer dans son cabinet.
M. le cardinal de Fleury, premier ministre, suivi
de M. le comte de Châtillon, gouverneur ; de
Mgr l'évêque de Mirepoix, précepteur ; de MM. de
Polastron et de Muy, sous-gouverneurs ; de M. de
Puijuron et de M. le chevalier de Créquy, gentilshommes de la manche, arrivèrent chez le Roi
un moment après et entrèrent aussitôt dans le
cabinet de Sa Majesté. Le Roi dit à M. de Châtillon : « Je vous remets entre les mains ce que j'ai de
plus cher. » Ensuite il dit à M. le Dauphin :

« Vous obéirez à M. de Châtillon comme à moi-
même » ; et lui montrant madame de Ventadour :
« Et n'oubliez jamais les soins de madame de Ventadour ». Elle sortit sur-le-champ en pleurant ;
M. le Dauphin voulut courir après elle ; M. de
Châtillon se mit entre lui et madame de Ventadour pour empécher qu'il ne s'attendrît encore
davantage. Madame de Tallard et madame de X…
la suivaient. M. le Dauphin s'en retourna chez lui,
accompagné de M. de Châtillon, qui était derrière ;
de Mgr l'évéque de Mirepoix, aussi derrière ; des
deux gentilshommes de la manche, qui étaient à
ses côtés ; des deux sous-gouverneurs ; de M. l'abbé
de Saint-Cyr, sous-précepteur, et de M. l'abbé de
Marbœuf, secrétaire. M. le Dauphin, en entrant
chez lui, passa tout droit à son cabinet ; il y trouva
les volets fermés, un théâtre dressé et des marionnettes toutes prêtes qui commencèrent aussitôt à
jouer. » Une pareille scène ne devait-elle pas faire
une grande impression sur l'esprit d'un enfant vif
et intelligent? Tout n'y était-il pas combiné pour
lui donner dès ce jeune âge l'idée des devoirs sérieux qui l'attendaient, et préparer ainsi au déve-

loppement un peu hâtif que l'on demande aux enfants royaux, et qui leur donne souvent cette physionomie à la fois triste et sévère, rare chez leurs jeunes contemporains? « M. le Dauphin, dit encore le duc de Luynes, s'est conduit dans cette première journée avec tout le courage et toute la raison imaginables, quoiqu'en marquant son bon cœur pour madame de Ventadour ».

L'idée de terminer cette cérémonie plutôt solennelle par un spectacle de marionnettes n'est-elle pas aussi assez frappante? C'était simplement pour distraire l'enfant; mais ne semble-t-il pas qu'involontairement on voulait le préparer à jouer son rôle sur le théâtre qui s'appelait la cour, où les marionnettes ne manquaient pas?

Le duc de Châtillon était un homme d'un autre temps. Austère [1] au milieu d'une cour déjà profondément corrompue, quoique alors encore con-

---

[1] Nous trouvons dans une des nombreuses publications faites sur la cour de Louis XV ce curieux jugement sur le duc de Châtillon : « Ce descendant des rois de Jérusalem n'en portait assurément pas la couronne, mais la croix; c'était dans ce monde une manière de pèlerin égaré des routes célestes. » *Lettres de H. M. Laurajuais.* Paris, Buisson, an X (1802).

tenue par le gouvernement de Fleury, sincère au milieu de courtisans habitués à déguiser toujours la vérité, il inspira au Dauphin un grand et solide amour du bien public. Le duc de Châtillon avait comme collaborateur, dans l'œuvre si délicate qu'on lui confiait, l'ancien évêque de Mirepoix, Mgr Boyer, qui est resté célèbre par les sarcasmes dont Voltaire l'a poursuivi. On connaît le jeu de mots sur sa signature : « l'anc. évêque de Mirepoix » , ce que Voltaire voulait toujours lire : l'âne, évêque de Mirepoix. C'était pourtant un prélat d'une haute vertu; mais sa sévérité et son attachement à la doctrine catholique l'avaient fait peu aimer. Les jansénistes lui reprochaient d'être le partisan déclaré de la bulle *Unigenitus;* la cour, d'être un trop rigide censeur de ses vices. Voici ce que l'avocat Barbier dit de lui à sa mort : « Mercredi matin, à quatre heures (août 1755), est mort, âgé de quatre-vingt-un ans, Mr Boyer, ancien évêque de Mirepoix, qui avait eu la confiance du Roi et qui avait eu la feuille des bénéfices en 1743. Après la mort du cardinal de Fleury, il avait été précepteur de M. le Dauphin. Cette mort a fait bien plaisir à tout ce parti janséniste; on le regardait comme ayant été l'auteur de tout ce qui a été fait par Mgr l'archevêque de Paris. Au fond c'était un bon homme, un honnête homme, qui agissait par conscience; il n'était pas aimé parce qu'il était trop rigide et trop scrupuleux. »

Tels étaient les deux principaux personnages choisis par le cardinal de Fleury pour élever le Dauphin. On leur avait adjoint l'abbé de Saint-Cyr, comme sous-précepteur. Celui-ci, sans manquer de fermeté, était d'une douceur aimable. La modération et la solidité de son jugement lui acquirent une grande influence sur l'esprit du Dauphin, qui eut pour lui une amitié qui ne se démentit jamais, quoique, dans les premiers temps, la fermeté de l'abbé de Saint-Cyr lui eût aliéné l'esprit de son élève. « M. de Saint-Cyr, disait-il un jour au Roi, est un homme qui n'entend point raison. » — « J'imagine bien, répondit le Roi, que votre raison ne doit pas être tout à fait d'intelligence avec la sienne; mais avec le temps elles pourront se rapprocher et faire la paix. »

C'était le cardinal de Fleury qui avait choisi

toutes les personnes qui devaient entourer le Dauphin. Les choix furent sévèrement blâmés à la cour; on lui reprocha d'entourer le Dauphin de dévots de profession, qui en feraient un prince entièrement livré à des inspirateurs de fanatisme. Les philosophes et les jansénistes, qui craignaient toujours de voir leur échapper l'influence dont ils commençaient à jouir, furent les plus ardents à dénoncer ces nominations. L'événement a prouvé cependant que Fleury n'avait pas été mal inspiré. En effet, si le Dauphin ne joua pas un bien grand rôle, ce furent les circonstances, circonstances aussi fatales à la monarchie qu'au prince qu'elles mettaient dans l'ombre, qui furent les seules coupables. Mais les précepteurs du Dauphin firent de lui un prince studieux, éclairé. Ils lui inspirèrent un ardent amour du bien, et il leur dut d'être un véritable chrétien, dans un temps où l'on semblait avoir oublié la signification de ce nom. C'était tout ce qu'on pouvait attendre d'eux. Certes, il n'y eut pas, parmi eux, de Fénelon pour élever le nouveau duc de Bourgogne; mais il faut se souvenir qu'on n'était plus au grand siècle et qu'il y avait loin de Louis XV à Louis XIV.

Dès que le Dauphin eut été remis entre les mains des hommes, on lui forma une maison ; voici de combien de personnes elle se composait :

« La maison, qui n'était pas différente de celle du Roi, dit Soulavie, l'auteur des *Mémoires du maréchal de Richelieu*, était composée d'un maître d'hôtel du Roi, du quartier sortant, d'un maître de la chambre aux deniers et de son commis, d'un contrôleur général et d'un contrôleur d'office. On lui donna un aumônier, un chapelain, un clerc de chapelle, un chef de brigade, un exempt des gardes, douze gardes du guet du Roi, un exempt de Cent-Suisses, six Suisses, un lieutenant des gardes de la porte, un exempt de la prévôté, un écuyer de la main, un des trois écuyers cavalcadours pour les carrosses, quatre pages, six valets de pied, deux valets de chambre du Roi, sortant du quartier, un premier médecin, un apothicaire, un chirurgien, un argentier, une vingtaine de valets de pied ou autres serviteurs, parmi lesquels on est étonné de trouver, pour un prince âgé de sept ans, un barbier valet de chambre. »

Cette foule de serviteurs attachée à la personne d'un si jeune prince peut paraître exagérée ; il faut cependant se rappeler que les mœurs alors étaient bien différentes des nôtres, et qu'à cette époque tous les grands seigneurs avaient un nombre considérable de domestiques. Il n'y a pas bien longtemps encore qu'il en était de même en Italie et en Allemagne. Le Dauphin avait six ans et demi quand il entra ainsi solennellement en éducation.

L'idée qu'il avait de son importance ne diminuait pas par les égards nouveaux qu'on lui témoignait. Il donnait à tout moment des preuves d'orgueil assez inquiétantes. Un jour, comme il dînait avec ses sœurs, Madame Adélaïde voulut se servir avant lui : « J'aurais cru, Madame, s'écria vivement le Dauphin, que, quand je suis ici, c'est à moi que les honneurs sont dus. » Et là-dessus il se servit le premier. Il joignait à cet orgueil instinctif une intelligence très-fine et très-prompte. Sa mère lui disait : « Méchant enfant, vous me donnerez du chagrin. » Le Dauphin lui répondit sans aucun embarras : « Vous seriez bien fâchée, maman, de ne pas m'avoir. » « Croyez-vous, dit le Roi, quand on lui raconta cette repartie, qu'il y entende finesse? » C'eût|été, en effet, montrer une bien grande intelligence des intéréts de sa mère, que de comprendre qu'ils reposaient tous sur sa téte. Une autre fois il répondit au cardinal de Fleury un mot qui fit bruit à la cour. Son précepteur lui avait dit, en plaisantant, qu'il avait au cœur une petite fenétre par où l'on voyait tout ce qui se passait au dedans de lui. Le cardinal se mit un jour à lui dire en jouant : « Puis-je bien compter, Monseigneur, sur l'amitié que vous me témoignez aujourd'hui; quand vous serez grand vous ne songerez plus à moi; on ne vous approchera qu'avec respect, car les amitiés des princes ne sont pas de longue durée. » — « Vous avez cependant conservé une assez bonne fenétre dans l'esprit du Roi », répondit le Dauphin, à qui n'avait pas échappé l'empire exercé sur le Roi par son ministre favori.

Pour compléter le portrait du Dauphin enfant, il faut encore citer plusieurs traits de charité qui feront connaître la bonté naturelle de son cœur. Ayant vu passer un officier qui avait l'air pauvre, il s'informa aussitôt où il allait ; dès qu'il sut que cet officier était en route pour rejoindre son corps, il lui donna non-seulement le contenu de sa bourse, mais même plusieurs petits bijoux qu'il portait sur lui. Une autre fois, informé qu'un officier sans fortune sollicitait du Roi une gratification pour se rendre aux eaux, il s'empressa de lui donner le double de la somme nécessaire pour le voyage, en lui disant : « Tenez, monsieur, vous viendrez, si vous voulez, solliciter votre gratification quand vous serez guéri .» Le Roi lui montrait une affection très-tendre, et l'on savait qu'il ne refusait jamais quand on lui demandait au nom du Dauphin. Un jour on trouva dans l'appartement du Dauphin cette pièce de vers assez comique :

Si le fils du Roi notre maître
Par son crédit faisait renaître
En son entier ma pension,
Chose dont j'aurais grande envie,
Je chanterais comme Arion
Un Dauphin m'a sauvé la vie,

Le Roi souscrivit à la demande de l'auteur de ces mauvais vers, qui n'avaient de plaisant que l'à-propos. Tel était le jeune Dauphin à ce premier moment de sa vie. Vif, hautain, intelligent, il avait tout ce qu'il fallait pour devenir un prince brillant; mais la situation où il se trouva bientôt changea complétement son caractère, et l'on ne reconnaîtra qu'avec peine, dans le Dauphin de seize ans, le Dauphin de six ans et demi.

CHAPITRE II

Dans les premiers temps, le Dauphin fut rebelle à toute espèce de travail. Il lui semblait que l'inaction convenait à un fils de Roi. Ni les menaces, ni les récompenses ne pouvaient le décider à travailler de bon cœur. Il apprit cependant le latin, mais malgré lui et sans ardeur. On le faisait lire dans un recueil de faits historiques tirés de la Bible et des meilleurs auteurs latins. Les passages qui l'intéressaient le plus étaient toujours ceux qui racontaient des traits d'héroïsme et de grandeur d'âme. Par une singulière bizarrerie, il s'amusait à apprendre par cœur les morceaux qu'il avait expliqués avec larmes pendant sa leçon, et de lui-même, à la leçon suivante, il les récitait à ses maîtres. L'abbé de Saint-Cyr trouva un jour moyen de piquer son amour-propre d'une façon qui lui fut très-sensible. « Je suis bien sûr qu'on n'a pas assujetti tous les princes à apprendre le latin comme moi, lui disait un jour le Dauphin ; parlez-moi en conscience, cela n'est-il pas vrai ? » — « Je ne vous cacherai pas, répondit l'abbé de Saint-Cyr, que cela n'est que trop vrai ; l'histoire le montre et nous fait voir quantité de princes qui se sont rendus méprisables par une grossière ignorance. » Le Dauphin comprit la leçon et ne l'oublia pas. Cependant l'étude ne fut jamais son goût le plus vif, et, s'il s'y livra plus tard avec ardeur, ce fut quand il n'eut que cette ressource pour sortir de la vie oisive et inoccupée où la jalousie de son père le condamnait à languir.

A dix ans, il était encore d'une vivacité presque inimaginable. « M. le Dauphin, dit le marquis d'Argenson [1] dans ses *Mémoires*, est d'une violence épouvantable, et, loin de s'en corriger, cela augmente, quoiqu'il ait dix ans et demi. Il frappe ceux qui l'entourent ; il a, l'autre jour, donné un grand soufflet à l'évêque de Mirepoix, son pré-

---

[1] ARGENSON, *Mémoires*, **21** mars **1740**.

cepteur, pour l'avoir contredit. Il a eu également quelques emportements de cette espèce avec le chevalier de Créquy, qui l'a obligé à lui faire satisfaction, s'en étant plaint à M. de Châtillon, avec menace de s'en plaindre au Roi. » Une autre fois, il s'emporta jusqu'à frapper M. de Marbœuf. Il fut mis en pénitence, et toute la cour fut instruite de la faute et de la punition. Son gouverneur le traitait sévèrement, et cette sévérité lui fut utile. Il était, en effet, plein de repentir dès qu'il s'apercevait de sa faute. Il dit un jour **au** duc de Châtillon, qui lui faisait des remontrances sur sa vivacité : « Je vous avertis, monsieur, que je désavoue par avance toutes les sottises que je pourrai faire à l'avenir; imaginez-vous, dans ces moments, que c'est le vent qui souffle. » — « Le vent souffle bien fort », lui dit quelque temps après le duc de Châtillon, pendant un de ses accès de colère. — « Oui, monsieur, reprit-il vivement, et la foudre n'est pas loin. » Le duc de Châtillon se mit alors à se boucher les oreilles, comme s'il eût peur des éclats du tonnerre. Le Dauphin se prit à rire, et venant l'embrasser : « J'avais cependant, dit-il, bien promis de ne plus me mettre en colère ; je vous en fais mes excuses. » S'il languissait un peu dans ses études, en revanche il était tout feu pour les exercices corporels, surtout ceux qui pouvaient passer pour un apprentissage de la vie militaire. Il n'avait pas encore onze ans lorsque, pour le divertir, le Roi lui donna, au camp de Compiègne, le spectacle d'une petite guerre. Tout y fut représenté au naturel : un fort de terre, construit pour l'occasion, fut vivement enlevé, et chacun s'amusa fort de ce jeu guerrier. Le Dauphin voulait tout voir, tout apprendre, et l'on était obligé de modérer son extrême ardeur. Dès lors, il joignait aussi à ses instincts belliqueux les seules qualités, le courage personnel et le dévouement, qui en sont le complément et la justification.

En 1738 [1], il lui survint un abcès à la joue. On jugea qu'il était nécessaire de l'ouvrir. Le Dauphin supporta cette opération avec un calme

---

[1] *Mémoires du duc de Luynes,* **8** février 1738.

parfait. Le Roi, qui y assistait, se trouva presque mal. « M. le Dauphin, dit le duc de Luynes, en soutint tout le préparatif avec courage, et il ne montra même, dans le temps de la plus grande souffrance, que ce qu'on ne peut refuser à la nature. » Dans une autre occasion, il fit preuve aussi de beaucoup de fermeté ». « Caperon, dit le duc de Luynes, a arraché à M. le Dauphin, en présence du roi, une grosse dent d'en bas, du côté droit de sa plaie, ce qui le fit souffrir beaucoup et long-temps. Il montra beaucoup de fermeté dans cette occasion. M. de Châtillon l'avait averti le matin qu'il était nécessaire d'arracher cette dent. M. le Dauphin demanda quelque temps pour prendre sa résolution. M. de Châtillon sortit environ une demi-heure. M. le Dauphin lui dit, en rentrant, que sa résolution était prise et que ce serait à quatre heures. Quatre heures étant sonnées, sans que personne parlât à M. le Dauphin pour arra-cher sa dent, il demanda lui-même où était Cape-ron. On a fort loué cette action de courage. M. le Dauphin entendant dire que, si cette dent avait été arrachée plus tôt, cela lui aurait épargné beaucoup de douleurs, il répondit que cela pouvait être, mais qu'il n'aurait pas eu occasion de faire voir sa fermeté. En tout on ne peut voir plus de vivacité, plus de grâce et plus de fermeté. »

L'évêque de Mirepoix n'avait pas besoin de développer, par ses enseignements, les sentiments religieux de son élève. Son cœur était naturellement disposé à aimer et à goûter la religion. Il ne se faisait jamais prier quand il s'agissait d'aller aux offices. Dès qu'on lui montrait le mal, il fuyait sans hésiter. Il fit avec sa sœur, Madame Henriette, une convention singulière, qui montre bien quelle était l'élévation naturelle de leurs cœurs. C'était celle de ses sœurs qu'il préférait, quoique leurs caractères fussent très-différents. La noblesse et l'élévation des sentiments de Madame Henriette lui avaient donné une place toute particulière dans la famille royale, et quelque influence sur le Roi lui-même. Ces deux enfants firent ensemble la convention de se dire toujours mutuellement la vérité et de se reprendre sans ménagement quand l'occasion s'en présenterait.

N'est-il pas touchant de voir ces deux jeunes enfants se promettre de s'aider réciproquement à marcher dans le chemin de la vertu, au milieu d'une cour dont ils devinaient tous les dangers? Madame Henriette tint parole et n'épargna pas les leçons à son frère, qui aimait à suivre ses avis. Il reçut, au mois de février 1741, le sacrement de confirmation et fit sa première communion au mois de mai de la même année. La ferveur qu'il montra dans cette occasion fit bien augurer de lui aux personnes chargées de son éducation. Voici ce qu'écrivait à cette époque le duc de Châtillon [1] :

« Ses défauts ne m'ont donné d'inquiétude que jusqu'à ce que j'aie reconnu la source d'où ils partaient. Une vivacité bouillante et le sentiment trop précoce de sa destinée en sont le principe, mais le cœur est trop bon pour qu'on ait à craindre les suites. Il me dit bien que je me moque de lui, qu'il saura en rabattre de ce que j'exige. Sa mauvaise humeur dure un moment ; il vient, l'in-

---

[1] *Vie du Dauphin*, par l'abbé PROYART, p. 23.

stant d'après, m'offrir la paix en avouant ses torts. » Le premier ouvrage classique auquel le Dauphin parut prendre goût fut le livre des *Offices* de Cicéron. Il le lut et relut plusieurs fois, si bien qu'il finit par le savoir par cœur. Il tirait grand profit de sa mémoire, et l'on pouvait être sûr qu'il retenait non-seulement le sujet, mais tout le contenu des ouvrages qu'on lui donnait à lire. Un jour il confondit un grand seigneur allemand, le prince de Lichtenstein, en parlant d'un voyage de l'abbé de Choisy; il en savait tous les détails : « Ne soyez pas si étonné, monsieur, lui dit le Dauphin, je l'ai lu hier .» Dans une autre occasion, il s'amusa à intriguer toute la cour en inventant une lettre du duc de Châtillon, contenant toutes sortes de nouvelles « fabriquées à merveille ». Il rendait un compte exact de la mort de la czarine, des événements qui se préparaient dans les cours, des alliances de la Suède. Tout le monde s'y laissa prendre, et le Dauphin s'amusa fort de cette mystification.

Quoiqu'il n'aimât pas beaucoup la lecture, il

avait la passion des beaux livres et des belles reliures. Il lui prit un jour la fantaisie de faire relier en vert tous ses livres. L'abbé de Saint-Cyr lui dit qu'il le lui permettait s'il pouvait lui alléguer une raison plausible pour ce caprice. Le Dauphin vint le trouver quelques minutes après et lui remit cette phrase latine qu'il venait de composer : *Naturam sequi magistram semper debemus; cum autem natura sit ubique viridis, non immerito volo omnes libros meos devotionis esse virides.* On ne pouvait habiller plus spirituellement une plus mauvaise raison.

Ces premières années du Dauphin, racontées dans leur simplicité, paraîtront peut-être dépourvues d'intérêt; qu'on me pardonne de m'y être arrêté. C'est l'époque la plus heureuse de sa vie; elle fut courte, car il ne lui fut pas permis d'être longtemps jeune. Les fils de Rois se développent vite; l'atmosphère factice où ils vivent les fait grandir prématurément, et l'on est parfois confondu de voir de véritables enfants penser, agir et parler comme des hommes. Mais tout contribua à rendre chez le Dauphin ce développement encore plus rapide. La gravité de ses professeurs, la tristesse de sa mère qui, délaissée par le Roi, ne pouvait pas toujours cacher la douleur de son humiliation, la sévérité de l'enseignement religieux qu'on lui donna, toutes ces causes réunies le firent rapidement passer de l'enfance à l'adolescence. Il apprit de bonne heure la nécessité de se contraindre, et on le vit s'exercer de lui-même à contenir, presque à dissimuler ses mouvements naturels. Un jour, après avoir joué à cavagnole, jeu qu'il avait en horreur, avec madame de Ventadour, qui y jouait toujours : « Avez-vous remarqué, demanda-t-il à M. de Châtillon, que je me suis ennuyé à cavagnole? » M. de Châtillon lui répondit que cela ne lui avait point paru. « Cependant je m'y suis beaucoup ennuyé. » L'austérité du duc de Châtillon l'excitait à acquérir cet esprit de discipline intérieure. Dépourvu de ce qu'on appelle dans le monde de l'esprit, le duc avait le sens droit et la parole franche. Il voulait à tout prix enlever son élève aux funestes exemples dont il était environné, et il ne craignait pas de les lui signaler, même autour et au-dessus de lui.

Le moment vint bientôt, en effet, où Louis XV ne cacha plus les désordres de sa vie. Après avoir essayé quelque temps de jeter un voile mystérieux sur sa conduite parce qu'il craignait les remontrances du cardinal de Fleury, il se laissa aller jusqu'à étaler publiquement ses fautes, plutôt poussé par l'ennui et le dégoût de toute contrainte que pour braver l'opinion publique. On le vit s'éloigner tous les jours davantage de son intérieur. Le Dauphin, parvenu à l'âge où l'on comprend et où l'on juge même les actions d'un père, puisa dans le spectacle qu'il avait sous les yeux une telle horreur pour les plaisirs, qu'il laissa trop voir pourquoi il les fuyait, et s'aliéna ainsi l'affection de son père. Aussi voit-on alors se produire dans son caractère un changement imprévu. A l'âge où, plein d'ardeur et d'espérance, on jouit avec bonheur de la vie, de toutes les joies qu'on croit y trouver, à l'âge des illusions brillantes et des ambitieuses espérances, le Dauphin devient tout à coup réservé et sérieux. Il perd sa vivacité et son entrain, s'isole, se replie sur lui-même, fuit les spectacles et les fêtes de la cour, et se renferme obstinément dans la retraite. Sa piété devient plus fervente et même presque austère. Au lieu d'être le chef de la jeunesse de la cour et le centre du mouvement et de la vie, il se cache pour ainsi dire et se tient volontairement dans l'ombre. La conduite du Roi est l'explication de cette transformation. Le Dauphin ne pouvait pas blâmer tout haut son père et son Roi; ni son âge, ni le respect de cette autorité paternelle ne le lui permettaient. Il essaya quelquefois de montrer son indignation et fut vivement réprimandé par sa mère elle-même. Ne voulant pas approuver ce qu'il ne pouvait blâmer, il préféra se tenir dans une réserve significative. Louis XV le comprit, et, blessé de cette froideur, indisposé contre lui par ceux qui craignaient de le voir revenir à des affections plus légitimes et plus douces, il s'éloigna de son fils avec une sorte de timidité ombrageuse.

Ce n'est pas qu'il ne se fît autour du Dauphin de grands efforts pour lui faire prendre part à ces plaisirs qu'il semblait fuir; on l'entourait, au contraire, de divertissements. On donnait dans son appartement des petits bals où la Reine elle-même venait; c'étaient des fêtes intimes, où cependant l'étiquette était rigoureusement observée. Voici la description d'un de ces bals qui eut lieu le 7 février 1742, chez le Dauphin même.

« Il y eut hier [1] bal en masques chez M. le Dauphin; il commença à dix heures. La Reine, qui soupait avec des dames suivant la coutume (car c'est la semaine de mesdames de X. et de Montauban), descendit au bal sur les onze heures, et n'y resta environ qu'une heure. Le Roi arriva à une heure de la Muette, où il avait soupé, et vint au bal fort tard; peu après, madame de Mailly y vint aussi; mademoiselle la princesse de Conti y était avec un domino noir; tout le monde la croyait à Paris; elle arrive tout à coup avec un masque, affectant de ne point se tenir droite, de sorte qu'elle parut beaucoup plus petite qu'elle n'était. Cependant, M. le Dauphin la reconnut d'abord. M. le Dauphin, Madame

----

[1] LUYNES, février 1745.

Adélaïde, le petit d'Estrade mademoiselle de Châlais, étaient tous les quatre masqués en Espagnols. M. le Dauphin et d'Estrade avaient un habit complet de velours noir. Madame Adélaïde et madame de Châlais avaient aussi une robe de velours noir; à la robe de Madame Adélaïde, il y avait des bandes couleur de feu pour égayer un peu cet habillement; ces quatre costumes formèrent ce qu'on appelle un quadrille. M. le Dauphin avait beaucoup de diamants sur son habit... On dansait dans le grand cabinet de M. le Dauphin et on y dansait continuellement. » Cette même année 1742, il fut reçu chevalier de l'Ordre du Saint-Esprit. Il fit un touchant usage de la pension qu'il reçut le même jour, comme tous les chevaliers de l'Ordre[1]. « Aussitôt après la cérémonie, on apporta à M. le Dauphin le premier payement de mille écus comme à tous les chevaliers de l'Ordre. Il dit à Binet, son premier valet de chambre, de lui garder cet argent, et qu'il en aurait besoin le soir même. Le soir, en

---

[1] LUYNES, 15 mai 1742.

effet, M. de Châtillon alla, de sa part, prier le cardinal de demander au Roi que sur ce fonds il pût disposer de deux mille francs en forme de pension sur sa cassette, en faveur de M. de Montigny, exempt des gardes du corps. M. le cardinal en rendit compte au Roi, le soir, à son travail, et, aussitôt que M. le Dauphin sut qu'il avait la permission de Sa Majesté, il envoya querir Montigny, qui n'avait aucun soupçon de cette marque de bonté. Aussitôt qu'il l'aperçut, il courut à lui avec empressement et lui mit dans la main deux rouleaux de louis faisant deux mille livres, et lui dit : « Voilà le premier revenu que j'ai eu à moi; je vous donne deux mille livres de pension sur ma cassette. » On aime à voir le Dauphin occupé des autres, sentiment rare chez tout le monde et surtout chez les princes, qui sont habitués à tout rapporter à eux-mémes.

Le Dauphin alla pour la première fois à Paris le 10 juin 1743. Il y fut reçu avec une grande pompe par le gouverneur de Paris et les différents corps de métier. Puis il se rendit à Notre-Dame et monta sur une des tours, afin de saisir d'un coup d'œil l'ensemble de la ville, et vint ensuite dîner à la Muette, puis retourna se promener au Cours. Il fut fort bien reçu par cette population parisienne, toujours avide de fêtes et de spectacles. Quand, à son retour, on lui demanda ce qui lui avait fait le plus de plaisir à Paris : « C'est, dit-il, de m'y voir si bien reçu. » Peu de temps après, on commença à parler de son mariage avec une princesse d'Espagne. Il n'était cependant âgé que de quatorze ans, mais il paraissait devancer son âge. Grand, bien fait, d'une belle taille, il avait déjà le port majestueux qui distingue presque toujours les princes de la maison de Bourbon. De grands yeux pleins d'innocence et de beaux cheveux très-abondants achevaient de faire de lui un bel adolescent, sans qu'on pût cependant comparer sa figure à celle de son père, dont la beauté résista même aux ravages des années et d'une vie de désordres. Sa mère le contemplait avec admiration et reportait sur lui toute l'affection qu'elle ne pouvait épancher ailleurs. Le Dauphin répondait à cette tendresse par une familiarité charmante qui n'ôtait rien au respect ; il s'amusait à plaisanter la Reine sur sa bonté et son horreur de la médisance. « Lorsqu'on parle [1] à la Reine de quelques détails sur la mort de gens connus, elle est dans l'habitude de détourner la conversation en disant : « Dieu veuille avoir son âme, n'en « parlons plus. » Le Dauphin est au fait de cette façon de répondre de la Reine. Il y a quelques jours qu'étant avec elle, il lui demanda ce qu'elle pensait d'une personne qu'il lui nomma, et si elle avait de l'esprit. La Reine, qui ne voulait pas dire que cette personne n'avait point d'esprit, parut embarrassée dans la réponse et en fit une vague qui n'éclaircissait point le but; M. le Dauphin reprit avec vivacité et lui dit : « Dieu veuille avoir son âme. » Je n'ai qu'un fils, disait la Reine, mais le ciel, qui me l'a donné, a pris plaisir à le former sage, vertueux et bienfaisant, tel enfin que j'aurais à peine osé l'espérer.

La Reine et le Dauphin, unis ainsi par cette tendresse mutuelle et par un égal amour du bien, ne tardèrent pas à devenir le centre, je ne dirai

---

[1] Luynes, février 1745.

pas d'un parti, mais d'un groupe assez nombreux qui aurait voulu se servir d'eux pour arracher le Roi aux détestables influences qui le dominaient de plus en plus. La vertu précoce du Dauphin le désignait naturellement pour devenir le chef de ce qu'on nommait alors « les dévots ». C'est ainsi qu'on appelait les gens qui ne cachaient pas les sentiments que leur inspiraient les désordres du Roi, et portaient hautement, avec un zèle plus ou moins pur, le drapeau de la religion. Par une opération naturelle, ce fut autour du Roi et de ses conseillers intimes que se groupa toute la partie brillante, légère ou ambitieuse de la cour, tous ceux aussi qui inclinaient vers les maximes de la philosophie nouvelle, et l'on n'y épargnait pas les sarcasmes et les railleries aux adversaires, qu'on taxait ouvertement d'hypocrisie. Les deux partis ainsi divisés étaient en observation, lorsqu'un événement imprévu les mit aux prises.

Le Roi, poussé par les conseils de ceux qui, en l'éloignant de la Reine, espéraient le soumettre entièrement à leur domination, entraîné aussi, il faut le dire, par une certaine ardeur guerrière qui ne dura que trop peu de temps, résolut, en 1744, d'aller en personne faire la campagne de Flandre. On était alors dans le feu de la guerre de la succession d'Autriche. Après la triste retraite de Prague, en 1742, et les revers des Français en Bohême, chacun sentait qu'il fallait relever l'honneur de nos armes. La mort du cardinal de Fleury, qui avait toujours incliné vers la paix, ouvrit une libre carrière à toutes les passions belliqueuses. Le Roi, en allant prendre le commandement des troupes dans les Pays-Bas, avec le maréchal de Saxe sous lui, espérait se signaler par un coup d'éclat. Les succès répondirent d'abord à son attente, et la France fut heureuse de voir son Roi prendre part lui-même à la victoire.

Le Dauphin, qui aimait par-dessus tout les armes et le mouvement, fut pris d'un désir ardent de suivre son père. Le Roi ne crut pas prudent d'exposer une tête sur laquelle reposait tout l'avenir de la monarchie, et lui refusa cette faveur. Il partit seul le 3 mars 1744. « Le Roi, dit le duc de Luynes [1], partit cette nuit pour la Flandre, à trois heures et un quart. Il entra chez la Reine au sortir de table, comme à l'ordinaire, fit un petit quart d'heure de conversation indifférente, et sortit de chez elle sans rien lui dire... Après être rentré chez lui, il envoya querir M. le Dauphin et lui parla en présence de M. de Châtillon avec beaucoup de tendresse. » On voit quelle froideur régnait déjà dans le ménage royal. C'était, en effet, un calice amer pour la Reine que de rester seule et abandonnée à Versailles, pendant que le Roi emmenait publiquement à l'armée, au milieu d'une pompe royale, la duchesse de Châteauroux, qui régnait alors sur son cœur. Avant de partir pour l'armée, il venait de nommer madame de Châteauroux par avance surintendante de la maison de la future Dauphine, poussant l'indifférence à l'opinion publique jusqu'à ne pas craindre le scandale que causait cette nomination. La Reine resta donc seule à Versailles avec son fils; la vie était triste et monotone, et les courriers apportant des nouvelles de

[1] Luynes, 3 mai 1744.

la guerre venaient seuls distraire la petite
cour.

« M. le Dauphin, dit le duc de Luynes [1], vient
tous les jours voir la Reine à la fin de son jeu,
quand il ne l'a point vue dans la journée. La
Reine lui fait beaucoup d'amitiés. M. le Dauphin
lui disait l'autre jour : « Vous ne pouvez être
« fâchée, maman, que je sois affligé de rester
« avec vous. Je ne sais effectivement pourquoi le
« Roi m'a laissé : le petit de Montauban, qui est
« petit et faible, y est bien allé, et moi, qui suis
« grand et fort, j'aurais bien pu y aller. » Il fit
tant dans son désir d'aller à l'armée, que le Roi
fut obligé de lui écrire pour calmer son ardeur.
Cette lettre est intéressante. Louis XV y parle
avec le ton à la fois royal et tendre qu'il savait si
bien prendre quand il le voulait. Les sentiments
qu'il y exprime sont dignes d'un Roi; il y a une
bien grande différence entre le ton et même la
forme de cette lettre et celles qu'il écrivit plus
tard. Le vice et l'indolence devaient malheureusement faire peu à peu disparaître cette noblesse

[1] LUYNES, 7 mai 1744.

native que l'on remarque souvent dans la jeunesse de Louis XV.

« 6 mai 1744.

Le Roi au Dauphin.

« Je loue le désir que vous avez marqué de me suivre à la tête de mes armées, mais votre personne est trop chère à l'État pour oser l'exposer avant que la succession à la couronne soit assurée par votre mariage. Quand vous aurez des enfants, je vous promets que je ne ferai jamais de voyage à la guerre sans vous ; mais je souhaite et n'espère jamais être dans le cas de vous tenir cette parole. Comme je ne fais la guerre que pour assurer à mon peuple une paix solide et durable, si Dieu bénit mes bonnes intentions, je sacrifierai tout pour lui procurer cet avantage tout le reste de mon règne. Il est bon que vous entriez de bonne heure dans ces sentiments, et que vous vous accoutumiez à vous regarder plutôt comme le père que comme le maître des peuples qui doivent être un jour vos sujets. »

Pendant ce temps, le Roi assistait à diverses

affaires brillantes et passait de fêtes en fêtes, dont les échos arrivaient jusqu'à Versailles et achevaient d'attrister la Reine. Un coup de foudre vint tout à coup intervertir tous les rôles et donner un jour triomphe à cette pauvre femme, qui n'avait de Reine que le nom. On apprend subitement, au mois d'août, que le Roi est atteint à Metz d'une fièvre maligne qui met ses jours en danger. La Reine y vole et trouve le Roi mourant. Tout le monde sait quelle fut la douleur de la France à la nouvelle de la maladie de celui qu'on appelait encore Louis le Bien-Aimé. Tout le monde sait comment le Roi demanda pardon publiquement à la Reine des humiliations qu'il lui avait imposées. Cette scène, qui serait touchante si l'on ne savait combien peu durèrent ces résolutions énergiques, est trop connue pour qu'il faille la décrire.

La Reine put être satisfaite par la fuite clandestine de madame de Châteauroux. Le Dauphin, conduit par le duc de Châtillon, suivit sa mère de très-près. Le Roi avait donné l'ordre de ne l'amener que jusqu'à Châlons. M. de Châtillon crut pouvoir prendre sur lui de pousser jusqu'à Metz, disant qu'un fils ne peut jamais montrer trop d'empressement à son père. Cette arrivée imprévue blessa vivement le Roi, qui crut y voir un désir mal dissimulé de prendre le pouvoir. Pendant sa maladie, il reçût le Dauphin très-froidement. Il fallait que Louis XV eût à la fois peu de connaissance de l'âme du Dauphin et une jalousie bien susceptible de son pouvoir, pour être froissé de la venue de son fils dans un pareil moment. Ne pas vouloir avoir son enfant auprès de son lit de malade, c'est un étrange sentiment qu'il est difficile de ne pas qualifier sévèrement. S'il avait su cependant combien peu le désir de régner était présent à l'esprit du Dauphin, il n'aurait pas si mal interprété cette démarche. En effet, le Dauphin, en passant à Sainte-Menehould, fatigué pendant le voyage, paraissait dormir. Le duc de Châtillon, qui croyait à chaque minute recevoir la nouvelle de la mort du Roi, arrêta un courrier qu'il rencontra sur la route, pour l'interroger. Le courrier, trompé par je ne sais quel faux bruit, répondit à la hâte : « Il n'est que trop vrai que le Roi est mort. » A ces mots, le Dauphin se réveillant, s'écria : « Quel malheur pour ce pauvre royaume! mon Dieu, ayez pitié de moi! » Ces paroles étaient tellement l'expression d'un sentiment naturel chez lui, qu'il les oublia complétement et ne se souvint plus de les avoir dites quand on les lui rappela plus tard. Ne montrent-elles pas combien l'âme du Dauphin était élevée et incapable de tout sentiment de vulgaire ambition? Il est cependant impossible d'expliquer autrement que par une défiance singulière la froideur avec laquelle le Roi accueillit son fils et la promptitude avec laquelle il le renvoya ; dès le 21 septembre, il avait ordre de retourner à Paris. Peu de temps après, le duc de Châtillon fut brusquement exilé dans ses terres. Tout le monde crut que cette disgrâce devait être attribuée au conseil qu'il avait donné de faire partir le Dauphin pour Metz. « Il se croyait déjà maire du palais, dit plus tard le Roi en parlant du duc de Châtillon. » On l'accusait aussi d'avoir parlé trop librement au sujet de la place de surintendante donnée à madame de Châteauroux.

Ce coup fut très-sensible au Dauphin, qui ne s'y attendait nullement. Il avait pour le duc de Châtillon un respect profond et un attachement sincère. Trop soumis pour oser se plaindre, le Dauphin n'en fut pas moins blessé au vif de cette disgrâce, où il voyait un blâme donné à l'expression de son amour filial. On ne permit pas à M. de Châtillon de dire adieu au Dauphin et à la Reine. Que pouvait faire pourtant le Dauphin? Se plaindre? il savait trop bien que rien n'eût été plus inutile, peut-être même nuisible pour la cause de son gouverneur. Il renferma donc en lui-même tous ses sentiments, et montra combien son chagrin était profond en refusant obstinément de parler du duc de Châtillon. Plus tard, il dit un jour à l'abbé de Marbœuf, en se promenant dans le parc de Versailles : « Je me rappelle qu'un jour j'étais là (sur un banc qu'il montrait) assis en cet endroit, assis avec M. de Châtillon, qui me donna des avis que je n'oublierai jamais[1]. » Il tint parole, et le souvenir

[1] GRIFFET, t. J, p. 31.

de son premier maître ne le quitta pas. Il éten-
dit même son affection sur son fils, qu'il proté-
gea au début de sa carrière. Plus tard, lorsque
la duchesse de Châtillon perdit ce fils unique, il
lui écrivit la lettre suivante, où il montrait la fidélité de ses sentiments : « Toutes les raisons que
j'ai, madame, de ressentir et de partager votre
vive et juste douleur, vous doivent être connues ;
l'amitié la plus tendre et la reconnaissance me
rendent personnelle la perte que vous avez faite.
C'est tout ce que je peux vous en dire de plus
fort, et l'expression des sentiments de mon cœur. »
Lorsque la duchesse de Châtillon alla faire sa
cour au Roi pour le remercier, le Dauphin fut si
joyeux de la voir, qu'il ne put s'empêcher de
l'embrasser au milieu de toute la cour, marque
d'affection que le marquis d'Argenson ne manqua
pas d'enregistrer dans ses Mémoires. Quant au
duc de Châtillon lui-même, il supporta sa disgrâce
sans se plaindre et resta jusqu'au bout fidèle à la
fermeté de caractère qu'on lui connaissait ; ce qui
n'était pas une médiocre épreuve dans un temps
où il semblait qu'on ne pût vivre hors de la cour

et loin de Paris. Il ne fit rien pour rentrer en grâce et resta bien des années exilé dans son duché de Châtillon. A la fin de sa vie, malade et épuisé, il finit par obtenir la permission de revenir à Paris. Ce fut son ancien élève qui sollicita pour lui cette faveur, et l'affection du Dauphin pour son gouverneur se montre bien clairement en ce que, dans cette seule et unique occasion, il permit qu'on demandât à madame de Pompadour de fléchir la colère du Roi.

Chacun sait combien de temps durèrent les bonnes résolutions du Roi, et comment l'avertissement que la Providence venait de lui donner ne servit qu'à montrer plus ouvertement sa faiblesse et sa dépravation. La rentrée en grâce de madame de Châteauroux fut aussi éclatante que l'avait été sa disgrâce. Ainsi cette maladie, qui aurait pu servir à remettre la paix dans la famille royale et à en resserrer les liens, n'aboutit qu'à la désunir davantage. Le Dauphin, froissé de ce qu'on avait mal interprété ses intentions, blessé dans ses affections, conçut à l'égard du Roi une crainte mêlée de timidité que rien ne put dissiper. La Reine rentra dans son isolement et son obscurité, et ne connut plus un instant de bonheur et d'espérance que quelque temps après, au moment du mariage du Dauphin. Il est temps de raconter ce mariage, et quelles furent les raisons politiques qui décidèrent le Roi à s'allier de nouveau à la branche espagnole des Bourbons.

CHAPITRE III

Mariage du Dauphin. — Bataille de Fontenoy.

Le mariage du Dauphin de France avec l'infante Marie-Raphaëlle fut déclaré au mois d'août 1739. C'était la seconde fille de Philippe V et d'Élisabeth Farnèse. L'infante ne vint en France qu'au moment de la célébration du mariage, c'est-à-dire six ans après, en 1745. La cour de Madrid n'avait pas oublié le renvoi injurieux qui avait été fait, vingt ans auparavant, d'une princesse espagnole, fiancée à Louis XV. Blessé dans son orgueil national, Philippe V avait essayé à plusieurs reprises de tirer vengeance de cet affront, mais la politique mesurée et prudente du cardinal de Fleury avait su déjouer toutes ses tentatives. La courte guerre de 1734, puis la guerre de la succession d'Autriche, le portèrent de nouveau vers l'alliance de la France. Il y fut aussi poussé par sa femme, Élisabeth Farnèse, qui, voyant ses fils exclus du trône par les fils du pre-

mier mariage du Roi, ne songeait qu'à leur donner des établissements royaux : elle espérait,
grâce à l'influence française, leur procurer des
agrandissements en Italie. L'infant Philippe, son
fils aîné et duc de Parme, rechercha et obtint la
main de la fille aînée de Louis XV, et le mariage
du Dauphin vint enfin rendre l'union des deux
cours tout à fait intime.

Ce mariage occupa beaucoup la cour; il fallait d'abord composer la maison de la nouvelle
Dauphine, ce qui donnait lieu à de nombreuses
intrigues. Rien n'était plus recherché que ces
places de cour; elles procuraient, en effet, outre
les avantages pécuniaires, les distinctions hono-
rifiques qui faisaient alors l'unique ambition de
toute une partie de la noblesse française. Le Roi
avait nommé d'abord madame de Châtillon
dame d'honneur de la future Dauphine, et madame de Châteauroux surintendante de la maison.
Mais ni l'une ni l'autre ne devaient remplir ces
charges, la mort ou la disgrâce les avaient fait
disparaître de la scène changeante de la cour
avant que la Dauphine eût mit le pied sur le sol

français. Dès que le Dauphin sut le choix qu'on avait fait pour lui, il se montra très-préoccupé de sa fiancée. Il s'informa avec un vif intérêt de sa figure et de son caractère. C'était le sujet de ses conversations avec ses sœurs, avec sa mère. Pour la première fois aussi, il paraissait s'occuper avec intérêt de la figure d'une femme. Jusque-là les courtisans avaient remarqué son insensibilité sur de pareils sujets.

« Le Dauphin, dit le duc de Luynes [1], n'a pas encore fait jusqu'ici grande attention aux figures des dames qu'il voit à la cour, ou, s'il en voit, son goût n'est pas encore bien formé. Par exemple, il trouvait assez bien la figure de madame de Castellane, qui est auprès de madame la duchesse de Chartres, laquelle a environ cinquante ans, et n'est rien moins que jolie. La figure de madame de Flavacourt, qu'on appelle communément la Poule, ne le touche point, quoique ce soit une des plus belles qu'il y ait ici. La Reine lui demanda l'autre jour comment il la trouvait; il n'en parut pas

---

[1] 22 juin 1744, LUYNES.

frappé. Il aime mieux la figure de madame du Muy, la nouvelle mariée, qui est sans contredit très-laide. Il est vrai que M. le Dauphin n'aime pas le rouge, et que madame du Muy n'en met point. La seule personne qu'il ait trouvée jolie avec raison, c'est madame de Périgord, qui ne met point de rouge, mais qui a une figure très-agréable. Il y a quelques jours qu'étant chez lui avec Mesdames, ils se mirent en grande conversation, Madame et lui, sur Madame la Dauphine. M. le Dauphin parlait à Madame, de chasses, de voyages qu'il ferait quand il serait marié. Il aime beaucoup Madame et a grande confiance en elle. Ils parlaient aussi sur la figure de Madame la Dauphine. Madame disait qu'elle était bien faite, qu'elle avait l'air noble, qu'elle avait un beau teint. Madame Adélaïde, pendant ce temps, était assise sur un canapé, n'étant point admise à la conversation et s'ennuyant assez. A ce mot de beau teint, elle s'approcha avec vivacité : « Je crois bien, dit-elle, qu'elle est blanche, elle est extrémement rousse. » Elle n'en demeura pas à ce commencement de portrait et l'acheva avec les couleurs les plus désavantageuses pour Madame la Dauphine. Madame fit ce qu'elle put pour réparer cette étourderie. M. le Dauphin répondit qu'on l'avait assuré qu'elle avait un bon caractère et que cela lui suffisait. » Singulière scène et vraiment royale que cette conversation d'enfants, discutant ensemble sur cette personne inconnue, qui doit arriver d'un jour à l'autre et devenir la femme de l'un d'eux. Étrange condition que celle des princes, qui les oblige à ne jamais tenir compte de leurs sentiments et de confier aux soins d'un ministre, uniquement occupé de politique, un choix que chacun tient généralement à faire soi-même, celui de la femme qui doit partager son existence. Avec quelle crainte, quelle terreur même, l'Infante ne devait-elle pas s'approcher de la France, pour trouver cet époux dont elle n'avait vu que le portrait ! C'était maintenant un jeune homme grand, bien fait, aimable et accueillant. Chacun pouvait apprécier à la cour la bonne grâce et l'affabilité du Dauphin. Il causait volontiers et savait mettre facilement ceux qui lui parlaient à leur aise. Une seule chose lui nuisait alors et lui nuisit toute sa vie, c'est le peu de goût qu'il avait pour l'étiquette et les cérémonies. Il était porté à s'isoler, et à la cour, comme dans le monde, quand on cherche à s'isoler, le monde s'habitue à se passer de ceux qui se passent de lui.

Quand le moment fut venu de célébrer le mariage du Dauphin, les fêtes auxquelles il devait donner lieu devinrent l'occupation univérselle. « L'on ne parle plus ici, dit l'avocat Barbier [1], d'aucune nouvelle ni pour la guerre ni pour l'élection d'un empereur. On ne s'est occupé que de l'arrivée de Madame la Dauphine, du départ du Roi pour aller au-devant d'elle à Étampes, et des fêtes superbes qui se préparent à Versailles.

«Le Français, en général, oublie toutes les inquiétudes pour les nouveautés de marque et les plaisirs. Il est certain que les fêtes vont bien incommoder les gens de cour pour les habits d'hommes et de femmes. On dit qu'il y a des habits d'homme qui coûtent jusqu'à quinze mille livres; il en faut trois pour les trois jours. M. le

---

[1] BARBIER, fevrier 1745.

marquis de Mirepoix, dont on parle même pour notre ambassadeur à l'élection de l'Empereur, a loué trois habits six mille livres, qu'il rendra au tailleur et qu'il ne mettra qu'un jour. M. le marquis de Stainville, envoyé du grand-duc de Toscane, dont le fils est colonel dans nos troupes, a un habit de drap d'argent brodé d'or, doublé de martre. La doublure seule coûte, dit-on, vingt-cinq mille livres. On parle d'une femme qui a loué d'un joaillier, quinze mille livres, les diamants qu'elle aura sur elle au bal paré de Versailles ». Nous voilà bien renseignés sur le luxe de la cour; on voit qu'il en coûtait plus cher qu'aujourd'hui pour être élégant et magnifique. L'avocat continue et raconte les on dit sur la Dauphine, que chacun se répétait :

« Madame la Dauphine avance; on dit qu'elle a beaucoup d'esprit, qu'elle sait plusieurs langues et qu'on lui a donné une éducation au-dessus de son sexe. Elle a près de dix-neuf ans, par conséquent l'âge de penser et de parler. Elle est haute avec dignité; on dit que madame la duchesse de Brancas, sa dame d'honneur, a voulu l'engager à mettre du rouge, que c'était l'usage en France, et que cela lui siérait mieux qu'à une autre. Elle a répondu que si le Roi et la Reine, et M. le Dauphin, le lui ordonnaient, qu'elle en mettrait. Madame la duchesse de Brancas est revenue à la charge ; la princesse lui a répondu qu'elle n'en ferait rien, et qu'elle lui avait déjà parlé deux fois de trop. »

Les lettres de l'ambassade, dans la curiosité générale, qui était allée au-devant de la Dauphine, étaient fort recherchées. Voici quelques extraits de ces lettres, écrites par un officier de la suite [1].

« Je vous vois, Madame, impatiente de savoir comment nous l'avons trouvée. Je crois qu'il faudrait vous laisser la même surprise qu'à nous. Réellement elle est très-bien, ni grande ni petite, ni grasse ni maigre ; elle est bien faite, marche très-bien et de fort bonne grâce. Les épaules très-bien placées, le dos fort plat, et si elle avait la taille un peu plus mince d'en bas, elle aurait la plus jolie taille du monde. Elle a de fort beaux yeux, le plus beau teint du monde, un sourire

[1] LUYNES, janvier 1745.

extrémement agréable. Le visage est un peu long, mais je suis persuadé qu'en la coiffant différemment et en lui laissant la coiffure sur le front, que cela lui rendra le visage plus rond. Enfin, Madame, je vous assure que je la trouve très-bien, et que nous l'avons tous et toutes nos dames trouvée de même. Elle ne boit que de l'eau ordinairement, et n'en boit qu'un coup à chaque repas, dans un grand gobelet. M. de la Fare l'a fait rougir en lui disant que M. le Dauphin ne buvait de même que de l'eau, que c'était une espèce de sympathie ».

Ces extraits de lettres ne peignent-ils pas d'une façon frappante la frivolité du monde? La beauté, les moindres détails de la personne physique y sont minutieusement décrits; il semblerait que cela seul est important et que le reste n'est rien. Il n'y a rien de plus triste que l'expression de futilités passées; tout ce monde brillant et frivole, qui a tout entier disparu sans rien laisser qu'un renom d'élégance, en dit plus sur le néant de cette vie que bien des sermons. Les grands personnages de l'histoire ne font point cette impression : ils ont laissé de grandes œuvres qui parlent pour eux. La beauté, l'élégance ne laissent rien derrière elles.

L'infante n'était pas très-rassurée en quittant l'Espagne pour aller à la cour de Louis XV, qui gardait encore la réputation de la cour la plus brillante de l'Europe. Elle craignait qu'on ne la traitât comme la première infante d'Espagne, qni s'était vue renvoyée brutalement. Habituée à l'étiquette minutieuse de la cour de Madrid, elle redoutait aussi de paraître peu gracieuse aux Français, qui étaient accoutumés à moins de réserve avec leurs souverains. Elle quitta Madrid au mois de janvier 1745, et arriva le 23 février. Le Roi s'avança jusqu'à Montdésir, un peu au-dessus d'Étampes. Elle voulut se mettre à genoux dès qu'elle le vit; il la releva et l'embrassa; il lui présenta M. le Dauphin, qui la baisa des deux côtés. Puis tout le monde revint coucher à Étampes. Le temps sec et froid était inondé de soleil, et la cour put étaler toute sa splendeur.

Le Dauphin alla de là directement à Sceaux. Le lendemain, la princesse fit son entrée dans le palais de Versailles, qui devait la voir sitôt mourir. Elle fit sur-le-champ sa toilette en grande cérémonie, et le mariage fut célébré par le cardinal de Rohan, grand aumônier de France. Il faut lire dans les *Mémoires* du temps le récit des fêtes qui furent célébrées à cette occasion. Il y eut un bal à l'Hôtel de Ville, bal où le Dauphin se rendit de Versailles et attira beaucoup la curiosité. A Versailles, les fêtes furent très-somptueuses. Voltaire fit le livret d'un opéra qui fut joué devant toute la cour, avec assez peu de succès, ce qui le mortifia beaucoup. On avait construit tout exprès un théâtre dans le manége.

La corbeille offerte à la Dauphine coûta cent vingt-cinq mille quatre cent quatre-vingt-treize livres. Il y avait entre autres trente-six éventails et treize montres. Citons pour la singularité du fait le cadeau donné par la ville de Paris : suivant un antique usage, douze douzaines de boîtes de confitures sèches et douze douzaines de flambeaux de cire passés à l'eau de bergamote, furent offerts aux jeunes époux par les prévôts de Paris. Les fêtes furent si belles qu'on grava plusieurs

planches pour en conserver le souvenir. Ce
fut au bal masqué de l'hôtel de ville, donné
à l'occasion de ce mariage, que le Roi manifesta
publiquement sa passion pour madame de Pompadour. Il est facile de comprendre les sentiments
qui devaient naître dans le cœur du Dauphin
lorsqu'il voyait cette fête offerte à sa femme
devenir une occasion de succès pour une intrigue
de cette nature. Le Roi avait alors trente-quatre
ans et son fils seize; la différence d'âge qui les
séparait était trop petite pour qu'elle n'eût pas
rendu leurs rapports difficiles, même dans d'autres circonstances.

La nouvelle Dauphine ne fut pas plus tôt arrivée qu'elle devint l'objet de l'attention générale.
Les remarques malveillantes ne firent pas défaut.

« On ne peut encore, dit le duc de Luynes [1],
porter aucun jugement décisif sur la Dauphine.
L'extrême envie de plaire qu'elle marquait durant son voyage ne se montre pas encore d'une
manière bien claire. Elle voit tant de monde et

---

[1] LUYNES, mars 1745.

en connaît si peu, qu'elle craint peut-être de parler mal à propos. C'est pour cette raison qu'elle ne parle presque point. Elle néglige aussi un peu trop les marques de bonté et d'attention à donner à ceux qui lui font leur cour. Ce contraste relève encore davantage la politesse et les attentions de la Reine, qui n'omet rien de ce qui peut la faire aimer. »

Il fallait cependant que, dans l'intimité, la nouvelle Dauphine se montrât plus aimable, car le Dauphin l'aima aussitôt avec passion ; mais il contint si bien l'expression de ses sentiments, que nul ne soupçonna la vivacité de l'attachement qui unissait les jeunes époux, et l'on ne s'en aperçut que plus tard, lorsque le Dauphin dut contracter un autre lien. La Dauphine, comme son époux, craignait le Roi et ne se mit point en confiance avec lui. Aussi ne lui témoigna-t-elle qu'une froide déférence, que le Roi, habitué à l'adulation de tous ceux qui l'entouraient, remarqua bien vite. En vain essaya-t-il de vaincre cette froideur : toute cette grâce fine et délicate, que Louis XV savait si bien employer quand il voulait sortir de son

indolence habituelle, ne put triompher de la répugnance que la Dauphine avait pour lui. On
attribua cette réserve à l'influence de la Reine et
de l'évêque de Mirepoix. Il est plus naturel d'en
voir la source dans le peu de sympathie que le Roi
montrait à son fils. La Dauphine embrassa tout
de suite les intérêts de son mari, et y porta probablement toute la vivacité d'une nouvelle épouse.
Elle vécut au contraire en très-bonne intelligence
avec la Reine, qui, douce et indulgente, attirait
aisément la confiance de ceux qui l'entouraient.
L'union la plus tendre était déjà établie entre les
deux époux, lorsque le Roi déclara qu'il emmène-
rait son fils avec lui à la campagne de Flandre.
Ce fut une grande joie pour le Dauphin, qui
avait toujours passionnément désiré aller faire
ses premières armes sous le maréchal de Saxe.

Le Roi partit le 6 mai 1745. Les adieux de la
Reine et du Roi furent, comme d'ordinaire, d'une
froideur glacée. Il n'en fut pas de même avec le
Dauphin. « Le Roi[1] soupa hier au grand couvert

____

[1] LUYNES, 6 mai 1745.

et passa dans la chambre de la Reine, à son ordinaire. L'ambassadeur d'Espagne lui demanda ses
ordres sur quelques affaires, et ayant encore à les
prendre le même jour, il lui demanda à quelle
heure il partirait. Le Roi a dit, à ce qu'il paraît,
que ce serait à six heures du matin. Après un petit
quart d'heure de conversation générale, le Roi s'en
alla sans dire adieu à la Reine, de même que les autres jours. La Reine a été ce matin chez lui comme
à l'ordinaire et n'y est restée qu'un moment. Madame la Dauphine avait averti ses dames pour ce
jour à cinq heures du matin. Elle s'est trouvée ce
matin dans une si grande affliction qu'elle n'a
jamais pu aller chez le Roi. La Reine a attendu
M. le Dauphin lorsqu'il a passé pour aller chez le
Roi. Elle était à la porte du petit passage qui va
chez elle. Elle l'a rappelé, elle l'a embrassé
vingt fois en fondant en larmes. » La pauvre Dauphine, si vite privée de son mari, le vit partir avec
une douleur poignante. Elle trouva une mère
dans la Reine, qui, aussi affligée qu'elle, ne négli-
gea rien pour la consoler, et, pendant que le
Dauphin était à l'armée, on ne pensait qu'à lui

dans le silence de Versailles et l'on demandait au ciel de protéger ses premières armes. Malgré sa joie d'aller au combat, il ne fut pas, à l'heure du départ, moins triste que sa femme. Il ne l'oublia pas un moment, mais le plaisir d'être enfin mis à l'épreuve prit bientôt le dessus sur tout autre sentiment.

A peine arrivé en Flandre, le Dauphin assista à la célèbre bataille de Fontenoy, une des nombreuses victoires qui ont illustré le nom du maréchal de Saxe. Nous n'entreprendrons point de raconter cette journée fameuse qui eut alors tant de retentissement. Le succès fut longtemps douteux, et le maréchal de Saxe, affaibli par la maladie, crut un moment tout perdu. L'emploi heureux de l'artillerie assura la victoire. Le duc de Richelieu s'attribua plus tard cette heureuse inspiration. Vraie ou fausse, l'assertion de Richelieu, répétée par Voltaire, divisa les esprits, et donna lieu à plus d'une polémique.

Il faut laisser le Dauphin lui-même raconter cet important événement, on verra quelle ardeur militaire animait son jeune courage, et ce qu'on aurait pu tirer de lui si on ne l'eût pas laissé s'engourdir dans une inaction forcée.

Lettres du Dauphin[1] *à la Reine.*

« Je vous fais de tout mon cœur mon compliment sur la bataille que le Roi vient de gagner. Il se porte à merveille, Dieu merci, et moi, qui ai toujours eu l'honneur de l'accompagner. Je vous en écrirai davantage ce soir ou demain, et je finis en vous assurant de mon respect et de mon amour. — LOUIS. »

« MA CHÈRE MAMAN,

« Je ne puis vous exprimer ma joie de la victoire de Fontenoy que le Roi vient de remporter. Il s'y est montré véritablement roi dans tous les moments, mais surtout dans celui où la victoire ne semblait pas vouloir pencher de notre côté, car, alors sans s'ébranler du trouble où il voyait tout le monde, il donnait lui-même les ordres avec une présence d'esprit et une fermeté que

[1] LUYNES, 1745.

tout le monde n'a pu s'empêcher d'admirer, et il s'y est fait connaître partout ailleurs. Notre joie a été d'autant plus vive que nos alarmes l'ont été. Les ennemis se sont retirés fort loin, en un mauvais ordre, et il y a entre eux beaucoup de division. C'est un ouvrage de la main de Dieu, à qui seul on doit la victoire. Le Roi est rentré aujourd'hui dans son quartier en parfaite santé. Pour moi, j'étais hier un peu fatigué, parce que j'avais été seize heures à cheval, et que j'étais resté jusqu'à six heures du soir sans rien prendre ; mais la nuit m'a réparé. Je vous demande un million de pardons d'avoir été si longtemps sans vous répondre. Ce n'est pas qu'il ne m'en ait souvent pris l'envie, mais connaissant l'amitié que vous voulez bien avoir pour moi, j'ai cru que vous aimeriez mieux recevoir la nouvelle de la bataille gagnée, et que le Roi et moi nous sommes en bonne santé, que celle que nous sommes en présence et que nous attendons le moment d'être attaqués. C'est pourquoi j'ai mieux aimé résister à ce que mes sentiments m'inspiraient et me priver de cette satisfaction, que de vous apprendre une nouvelle capable de vous causer de l'inquiétude. Adieu, ma chère maman; je vous supplie de ne pas oublier le fils le plus tendre et le plus affectueux. » Ces lettres ne peignent-elles pas toute la joie du Dauphin d'avoir assisté à un véritable combat? Il sut s'y montrer digne de sa naissance : « J'ai été témoin, disait-il à sa femme, de la bravoure du soldat; il s'est battu comme un lion! » C'est ce qu'on pouvait dire de lui-même. Un boulet tomba à quatre pas du Dauphin. Le Roi, s'en étant aperçu, lui cria : « Monsieur le Dauphin, renvoyez-le aux ennemis, je ne veux rien avoir à eux. » A un moment les troupes françaises pliaient; le Dauphin se porta en avant pour arrêter les fuyards, et il demanda deux fois au Roi la permission de charger à la tête de sa maison. On lui répondit que sa vie était trop précieuse pour l'exposer ainsi au hasard. « Ma vie! dit-il; ce n'est pas la mienne qui est précieuse, c'est celle d'un général. » Quelque temps après, voyant les soldats plier de nouveau autour de lui, il essaya de les rallier en leur criant : « Marchons, Français! Où est donc l'honneur de la France? »

« Le Roi et M. le Dauphin [1], dit le fidèle chroniqueur Barbier, ont été exposés aux canons pendant toute l'action, ce qui a été très-imprudent pour la France. On dit même que M. le Dauphin voulait se mettre à la tête de la maison du Roi et que sagement on l'en a empêché. » Citons encore deux récits curieux de cette journée; l'un est du marquis d'Argenson, cet esprit amer et caustique, et qu'on peut croire sur parole quand il loue, car il était plus porté à blâmer qu'à louer. L'autre est une lettre du Dauphin lui-même à sa femme. On y remarquera qu'aussi modeste que brave, il y passe sous silence tout ce qu'il avait fait de brillant. Vive et pleine d'entrain, cette lettre montre à découvert toute l'ardeur du jeune prince, et la phrase si tendre qui la termine ne gâte en rien cette vivacité, car la pureté et l'innocence de ce sentiment conjugal forment un des traits originaux de la vie du Dauphin.

[1] Barbier, mai 1746.

Lettre du marquis d'Argenson[1], ministre des affaires étrangères, à M. de Voltaire, nommé historiographe du Roi.

« MONSIEUR L'HISTORIEN,

« Vous auriez dû apprendre, dès mercredi au soir, la nouvelle dont vous nous félicitez tant. Un page partit du champ de bataille le mardi, à deux heures et demie, pour porter les lettres. J'apprends qu'il arriva à cinq heures du soir à Versailles. Ce fut un beau spectacle que de voir le Roi et le Dauphin écrire sur une caisse entourés de vainqueurs et de vaincus, morts, mourants ou prisonniers.

« Voici des anecdotes que j'ai remarquées :

« J'eus l'honneur de rencontrer le Roi dimanche, tout près du champ de bataille. J'arrivais de Paris au quartier de Cluin. J'appris que le Roi était à la promenade. Je demandai un cheval. Je joignis Sa Majesté près d'un lieu où l'on voyait le camp des ennemis. J'appris, pour la première fois, de Sa

---

1 ARGENSON, *Mémoires.*

Majesté, de quoi il s'agissait tout à l'heure (à ce qu'on croyait). Jamais je n'ai vu d'homme si gai de cette aventure, que l'était le maître. Nous discutâmes justement ce point historique que vous traitez en quatre lignes, lequel de nos rois avait gagné la dernière bataille royale. Je vous assure que le courage ne faisait point tort au jugement, ni le jugement à la mémoire. De là, on alla coucher sur la paille ; il n'y a point de nuit de bal plus gaie ; jamais tant de bons mots. On dormit tout le temps qui ne fut pas coupé par des courriers, des graffins et des aides de camp. Le Roi chanta une chanson qui a beaucoup de couplets et qui est fort drôle. Pour le Dauphin, il était à la bataille comme à une chasse de lièvre et disait presque : « Quoi ! n'est-ce que cela ? » Un boulet de canon donna dans la boue et crotta un homme près du Roi. Nos maîtres rirent de bon cœur du barbouillé. Un palefrenier de mon frère a été blessé à la tête d'une balle de mousquet, le domestique était derrière la compagnie. Le vrai, le sûr, le non flatteur, c'est que c'est le Roi qui a gagné lui-même la bataille, par sa volonté, par sa fermeté,

Vous verrez des relations et des détails. Vous savez qu'il y a eu une heure terrible, où nous vîmes le second tome de Dettinghem : nos Français humiliés devant cette fermeté anglaise, leur feu roulant qui ressemble à l'enfer, qui, je l'avoue, rend stupides les spectateurs les plus oisifs; alors désespérants de la République, quelques-uns de nos généraux qui ont moins de courage, de cœur que d'esprit, donnent des conseils fort prudents. On envoya des ordres jusqu'à Lille, on doubla la garde du Roi, on fit emballer. A cela le Roi se moqua de tout et se porta de la gauche au centre, demanda le corps de réserve et le brave Lowendal; mais on n'en eut pas besoin. Un faux corps de réserve donna; c'était la même cavalerie qui avait d'abord inutilement donné; la maison du Roi, les carabiniers, ce qui restait tranquille des gardes-françaises, des irlandaises, excellents surtout quand ils marchent contre des Anglais et des Hanovriens. Votre ami M. de Richelieu est un vrai Bayard. C'est lui qui a donné le conseil, et qui l'a exécuté, de marcher à l'infanterie comme des chasseurs ou comme des fourrageurs, pêle-mêle, la main baissée, le bras raccourci, maîtres, valets, officiers, cavaliers, infanterie, tout ensemble. Cette vivacité française, dont on parle tant, rien ne lui résiste ; ce fut l'affaire de dix minutes de gagner la bataille avec cette botte secrète. Les gros bataillons anglais tournèrent le dos, et pour vous le faire court, on a tué quatorze mille hommes.

« Il est vrai que le canon a eu l'honneur de cette affreuse boucherie. Jamais tant de canons, ni si gros, n'ont tiré dans une bataille générale qu'à celle de Fontenoy. Il y en avait cent. Il semble que ces pauvres ennemis aient voulu, à plaisir, laisser arriver tout ce qui leur était le plus malsain, canon de Douai, gendarmerie, mousquetaires.

« A cette charge dernière, dont je vous parlais, n'oubliez pas une anecdote finale. M. le Dauphin, par un mouvement naturel, mit l'épée à la main et voulut absolument charger. On le pria de n'en rien faire. Après cela, pour vous dire le mal comme le bien, j'ai remarqué une habitude trop tôt acquise de voir tranquillement sur le champ de bataille des morts nus, des ennemis agonisants, des plaies fumantes. Pour moi, j'avouerai que le cœur me manqua et que j'eus besoin d'un flacon. J'observai bien nos jeunes héros. Je les trouvai trop indifférents sur cet article. Je craignis, pour la suite de leur longue vie, que le goût ne vînt à augmenter pour cette inhumaine curée. Le triomphe est la plus belle chose du monde : les Vive le Roi ! les chapeaux en l'air au bout des baïonnettes, les compliments du maître à ses guerriers, la visite des retranchements, des villages, des redoutes si intactes, la joie, la gloire, la tendresse ; mais le plancher de tout cela est du sang humain, des lambeaux de chair humaine. Sur la fin du triomphe le Roi m'honora d'une conversation sur la paix ; j'ai dépéché des courriers.

« Le Roi s'est fort amusé hier à la tranchée ; on a beaucoup tiré sur lui ; il y est resté trois heures. Je travaillais dans mon cabinet, qui est ma tranchée, car j'avouerai que je suis bien reculé de mon courant par toutes les dissipations. Je tremblais de tous les coups que j'entendais tirer. J'ai été avant-hier voir la tranchée en mon petit particulier; cela n'est pas fort curieux de jour. Aujourd'hui nous aurons un *Te Deum* sous une tente, avec une salve générale de l'armée, que le Roi ouïra du mont de la Trinité. Cela sera beau. »

Voici maintenant le récit de la bataille que le Dauphin envoya à sa femme. Il est curieux de constater la différence de ton qui règne entre ces deux lettres : l'une, évidemment composée pour briller et faire effet, atteint son but et est petillante d'esprit d'un bout à l'autre; le récit du jeune prince, tout simple, tout naïf, est bien l'œuvre d'un soldat qui sort du combat avec tout l'enthousiasme d'un premier début.

Lettre de Monseigneur le Dauphin sur la bataille
de Fontenoy.

« Dimanche, à une heure après midi, le Roi apprit que les ennemis n'étaient plus qu'à une lieue de nous. Aussitôt il fit passer l'Escaut à son armée; après qu'il eut diné, il la rejoignit sur les cinq heures au soir. Il y trouva une ardeur incroyable. Il s'avança à la tête du camp, dans un endroit d'où l'on découvrait une partie des ennemis. Il y eut, le soir, quelques coups de fusil tirés entre les hussards ennemis et nos graffins, qui ont, ces jours-ci, fait des merveilles. Sur les neuf heures, le Roi repassa l'Escaut sur un pont qu'on avait fait à une demi-heure de Tournay, du côté de la citadelle, et s'en vint coucher dans une méchante maison d'un village pallene, où tout le monde couchait sur la paille, excepté lui et moi. Le lendemain lundi, le Roi se leva à trois heures et demie et dîna à huit. Il ne monta à cheval qu'à midi, pour examiner la situation des ennemis. Il trouva que le camp paraissait davantage. Nos postes avancés tiraillaient quelques coups de fusil sans que, pour cela, les armées s'ébranlassent. Comme le Roi s'en revenait sur les trois heures après-midi, il rencontra des fourrageurs qui avaient jeté leurs trousses et qui retournaient toute bride au camp, disant qu'il y avait une alerte. Le Roi revint sur ses pas. Il vit, en effet, que les ennemis faisaient marcher leur gauche vers le village d'Antoin. On ne pouvait encore s'imaginer qu'ils en vinssent à une attaque parce que, disait-on, ils flairaient trop longtemps la médecine pour avoir envie de l'avaler. Ainsi, ce soir-là, il n'y eut rien. On ne fit que songer pour le lendemain. Le Roi se leva à quatre heures du matin ; il monta à cheval, passa l'Escaut et s'arrêta un peu en deçà d'une chapelle appelée Notre-Dame des Bois. Ensuite, il s'avança sur une petite hauteur d'où il découvrit parfaitement l'armée ennemie comme la nôtre. A neuf ou dix heures, il demanda à déjeuner. Comme on allait le lui apporter, les ennemis commencèrent l'attaque du poste de Fontenoy, d'où M. de la Vauguyon resta à la tête de la brigade du Dauphin, les repoussa vigoureusement, si bien qu'ils n'osèrent plus y mordre. Le Roi fut obligé de quitter sa petite hauteur parce que le canon des ennemis donnait en plein. Il ne put jamais faire revenir au combat des fuyards, dont une grande partie était des valets qui donnaient l'épouvante au reste. Pendant cette retraite, qui lui perçait le cœur de douleur, son visage ne changea pas, et il donna ses ordres avec une tranquillité que tout le monde admira. Quand les ennemis eurent abandonné le champ de bataille, le Roi y vint et y fut reçu avec des cris de joie incroyables. Il ordonna qu'on prît soin des blessés amis ou ennemis. On a donné à cette affaire le nom de bataille de Fontenoy. Le soir, sur les neuf ou dix heures, le Roi apprit que les ennemis s'étaient retirés en mauvais ordre, qu'il y avait beaucoup d'aigreur entre les Anglais et les Hollandais, et qu'à leur appel il leur avait manqué quinze mille hommes, au lieu que nous n'en avons perdu que deux mille. Ainsi, vous voyez que le Roi a remporté une victoire complète. Le pauvre duc de Grammont fut tué d'un boulet qui lui cassa la cuisse. Adieu, ma chère femme, je vous aime plus que moi-même. »

Qu'on me permette une dernière citation qui achèvera de faire voir le succès qu'avait eu le Dauphin dans ce premier acte de la vie militaire.

« Le Dauphin, dit le duc de Luynes, s'est fait un plaisir infini de monter la garde chez le Roi à la tête des gendarmes-Dauphin, et ensuite à la tête des légers-Dauphin. Il arriva avec les officiers au lever du Roi, ne voulut point entrer avant eux et attendit que la chambre fût entrée. Le soir, il ne voulut prendre l'ordre qu'au rang de capitaine de gendarmes. Tous ceux qui ont coutume de le prendre auparavant reculèrent, comme il est aisé de le penser, mais le Dauphin persista à vouloir qu'ils le prissent avant lui [1]. »

Louis XV aussi se montrait à l'armée sous un aspect plus avantageux qu'à Versailles, et retrouvait devant l'ennemi quelques-unes des qualités de sa race, celles qui, dans sa jeunesse, lui avaient fait donner le surnom de Bien-Aimé. Lui, d'ordinaire si froid, si impassible, se montrait touché des maux de la guerre, et le jour de la bataille il dit au Dauphin, en lui montrant les morts et les blessés, cette parole célèbre, digne d'un plus grand roi : « Voyez, mon fils, ce qu'il en coûte à un bon cœur de remporter des victoires. » Comme on lui demandait comment il fallait traiter les blessés ennemis : « Comme les nôtres », répondit-il. A la guerre il échappait également à l'influence de ceux qui cherchaient à le séparer de son fils. On voit,

---

[1] Luynes, 8 juin 1745.

par le duc de Luynes, que le père et le fils eurent des rapports plus tendres, pendant cette campagne, qu'ils n'en avaient jamais eu auparavant. Le Dauphin dînait tous les jours avec le Roi, et celui-ci témoignait un plaisir visible à le voir si bien se comporter et à entendre faire son éloge de toutes parts.

Le Dauphin finit, avec le Roi, la campagne de 1745. Il assista à la prise de Tournay et à celle d'Ostende. Sa bonne humeur, son affabilité, ne se démentirent pas un moment; il charmait tout le monde, ceux mêmes qui trouvaient sa dévotion exagérée, par le calme digne et modeste avec lequel il remplissait ouvertement les devoirs de la religion. Il y a quelque chose de touchant à voir cet enfant de seize ans, au milieu d'une armée nécessairement licencieuse, à côté d'un père qui lui donnait de tout autres exemples, tenir ferme et rester fidèle à ses principes, tout en essayant de plaire à tous. « Ah! monsieur, disait le chancelier d'Aguessau, qu'il est beau à un prince de cet âge, et au milieu du tumulte des armes, de ne pas rougir de Jésus-Christ! »

Il revint au mois de septembre avec le Roi, et retrouva avec bonheur sa femme et sa mère. Encore tout plein des souvenirs de la campagne à laquelle il venait d'assister, le Dauphin jouissait plus vivement encore d'une félicité qu'il regardait comme la récompense de ses efforts. Il aimait sa femme et en était aimé. Le Roi paraissait avoir oublié ses préventions et le traitait avec plus de confiance. Par malheur, cette disposition dura peu ; le Roi ne fut pas plus tôt revenu à Versailles, qu'il retomba sous le joug honteux qui l'éloignait de son fils. On lui fit craindre que la faveur que le jeune prince s'était acquise ne lui inspirât des vues ambitieuses, qu'il ne cherchât à se faire valoir à ses dépens, et il se laissa persuader de ne plus jamais lui permettre de retourner à l'armée. Aussi la froideur reparut-elle bientôt dans leurs relations, et le fruit du voyage à l'armée fut perdu. Le Dauphin, de son côté, tout à la joie d'un intérieur de famille, se laissa aller à s'y renfermer peut-être trop exclusivement. Incapable d'oisiveté, il entreprit de se livrer à diverses occupations littéraires, et se mit à refaire, comme il le disait lui-méme, son éducation, qui n'avait pas été négligée, mais dont il n'avait pas assez tiré parti. Naturellement ennemi des divertissements de la cour, et tenu volontairement à l'écart par le parti qui entourait le Roi, il se résigna avec trop de facilité peut-être à cet isolement.

« J'ai déjà marqué, dit le duc de Luynes [1], que M. le Dauphin a commencé à vouloir prendre de lui-même des temps d'étude. Il continue ici à prendre cet arrangement. Plusieurs fois dans la semaine, et surtout les jours que le Roi ne va pas à la chasse, parce qu'il a coutume de l'y suivre, il trayaille avec M. de Mirepoix, le matin, et le soir après dîner, avec l'abbé de Saint-Cyr. Tous les jours qu'il ne va pas à la chasse, il dîne avec madame la Dauphine. Ils paraissent vivre tous deux dans la plus grande union, et M. le Dauphin est, je crois, le seul en qui madame la Dauphine ait une confiance entière. L'après-dînée, ils montent ensemble dans les cabinets de madame la Dauphine, où M. le Dauphin lui fait la lecture pendant

[1] LUYNES, 26 octobre 1745.

unee heur et demie. Ils lisent actuellement les *Mé-moires de Sully*. C'est un ouvrage en trois volumes in-quarto, qui paraît depuis environ un an. Il a réussi tout au mieux dans le public. Le livre est fait sur les économies royales de M. de Sully, mais dont on a retranché les morceaux inutiles et ennuyeux. Celui-ci est parfaitement bien écrit et enrichi de notes très-curieuses. » Ce jeune ménage, en fuyant les plaisirs pour se livrer, dans sa naïve ardeur pour le bien, à de sérieuses lectures politiques, offre un spectacle touchant. Mais la cour de Louis XV était trop frivole pour le bien apprécier. « J'aime, disait le Dauphin en plaisantant, à végéter. » Il ne s'apercevait pas qu'on le prenait au mot, et qu'on considérait comme oisive et inutile une vie consacrée à l'étude, mais à l'étude faite sans bruit, sans éclat.

Ayant donc entrepris de refaire son éducation en sous-œuvre, il se mit à l'ouvrage avec ardeur. Il témoigne lui-même des efforts qu'il faisait pour se créer une vie active dans une lettre qu'il écrit au maréchal de Noailles, alors en ambassade à Madrid. Nous la citons entièrement, parce qu'elle nous semble mériter quelque intérêt, grâce à la vivacité et à l'agrément qui y règnent :

24 mai 1746.

Au Maréchal de Noailles[1].

« Je vois bien, Monsieur, que l'Espagne vous fait oublier la France et que les charmes que vous trouvez dans ce pays-là vous font oublier en même temps les pauvres habitants de celui-ci. Ils en gémissent en silence quelque temps, mais ils sont bientôt après forcés de le rompre, par le désir de vous faire connaître l'envie qu'ils ont de vous revoir. Il est vrai que vous avez là un peu d'occupation, et en vous priant de me mander de vos nouvelles, je serais bien fâché que vous prissiez sur le temps du repos et du délassement nécessaires après le travail. Pour nous ici, nous n'avons d'autre chose à faire qu'à gâter du papier, qu'à écouter les nouvelles, et, comme d'autres Moïse,

[1] 24 mai 1746, *Mémoires historiques et militaires du duc de Noailles.*

tenir les mains élevées vers le ciel, tandis que le Chef du peuple combat les combats du Seigneur et fait fuir ses ennemis comme une vapeur légère, au seul bruit de ses armes. Ainsi, il est juste que nous écrivions trois fois, les autres une. Depuis que le Roi est parti, je donne beaucoup de mouvement à la pesante masse de mon corps, qui s'y préte, quoique sans beaucoup de satisfaction, parce que je ne suis point du tout comme Ésaü, *gnarus venandi*, mais bien comme Jacob, *vir simplex qui habitat in tabernaculis.* Malgré cela, je trotte de côtés et d'autres, aimant cependant beaucoup mieux m'occuper dans la maison de réflexions et de lectures nécessaires pour mener ici-bas une vie solide et utile au monde, et qui puisse nous conduire à une autre plus durable et plus heureuse, savoir : à la connaissance du cœur humain, à celle des droits publics et à celle de l'histoire, qui sont, je crois, très-utiles dans le triste rang où je suis, quoique j'eusse beaucoup plus de goût pour d'autres études. Vous voyez que pour faire bien il ne manque que la bonne volonté. Voilà assez de morale, et je finis ma pancarte en vous assurant, Monsieur, de ma tendre amitié qui ne finira qu'avec la vie. »

Tel était le train de vie régulier, assez doux, un peu monotone auquel, faute de mieux et pour ne pas entrer en conflit avec son père, le Dauphin savait plier son caractère naturellement actif et ardent, quand un coup de foudre vint frapper ce modeste bonheur.

Le 19 juillet 1746, la Dauphine mit au monde une fille, et le 22 au matin elle était morte, à dix-neuf ans. « Quelle étrange nouvelle, dit le duc de Luynes[1], et quelle différence de la journée d'hier ! Madame la Dauphine est morte ce matin à onze heures et demie ; hier au soir, à dix heures, au souper du Roi, Peyrat dit à Sa Majesté qu'elle était bien. Ce matin on n'a réveillé M. le Dauphin qu'à sept heures. La Reine y a été à dix, et a envoyé chercher M. de Luynes. Madame la Dauphine s'est confessée ; elle a été saignée deux fois aux pieds ; une suppression générale lui a fait perdre connaissance, et elle est morte

---

[1] 22 juillet 1746, Luynes.

comme je viens de le marquer. » Le Dauphin aimait passionnément sa femme, et le coup qu'il ressentit fut terrible. Sa douleur se manifesta d'abord violemment ; il pleura beaucoup et s'isola pendant quelques jours ; puis, en le voyant au bout de quelque temps reprendre son train de vie ordinaire, on le crut à tort consolé. La Dauphine fut d'ailleurs peu regrettée à la cour : réservée et hautaine, elle n'avait pas su plaire. Elle était cependant d'une gaieté aimable dans son intérieur et charmait son mari par la vivacité de son humeur. Elle fut vite oubliée, et, peu de jours après sa mort, les tentures noires qui cachaient les murs des appartements de Versailles rappelaient seules le deuil qui n'existait plus dans les cœurs. On ne peut cependant s'empêcher d'être ému en voyant la triste destinée de cette jeune fille, née auprès du trône et qui devait mourir si vite dans une cour étrangère, loin de tous les siens et soignée par des parents qui n'avaient pas encore pu apprendre à l'aimer. Elle avait trouvé cependant ce qui n'est pas donné à toutes les femmes de trouver, un cœur chaud et pur, qui l'avait aimée sans partage et qui ne devait pas l'oublier. Son image ne s'effaça jamais de l'esprit du Dauphin, qui, dans son testament, demanda que son cœur fût placé à côté de celui de sa première femme, « de ce qu'il avait eu, disait-il, de plus cher en ce monde ».

CHAPITRE IV

Second mariage du Dauphin. — Études.

Les rois n'ont pas le droit de donner un libre cours à leurs sentiments, et il n'est pas permis à un prince royal de pleurer sa femme ni de lui rester fidèle. Au bout de six mois, on fit un devoir au Dauphin d'oublier l'objet de son premier amour. Il lui restait une fille qui prit aussitôt le nom de Madame, sans autre nom, comme l'étiquette le voulait; mais il importait que le Dauphin eût des fils, et que la branche aînée de la Maison de Bourbon ne restât pas sans héritier. On songea donc aussitôt à trouver une nouvelle Dauphine, et la pauvre Infante n'était pas encore enterrée en grande pompe à Saint-Denis, que la cour ne s'occupait déjà que de savoir quelle serait, en Europe, la princesse destinée à porter à sa place la couronne de France. Le nombre des princesses à marier n'était pas alors très-considérable, et l'on n'eût pas, comme lors du mariage de Louis XV, à choisir sur une liste de vingt et une princesses. Le roi de Sardaigne avait une fille qu'il offrait avec empressement afin de s'assurer de l'appui de la France. Puis venait une princesse de Bavière, mais il y avait eu des difficultés entre cette cour et le roi de France. Le Portugal avait aussi une princesse, mais elle n'était âgée que de douze ans, et l'union intime de cette puissance avec l'Angleterre ne plaidait pas en faveur de cette alliance. Il y avait encore une Infante d'Espagne à marier : celle-ci était sœur de la Dauphine qui venait de mourir ; et, en France, on regardait comme chose défendue à un beau-frère d'épouser sa belle-sœur. Ce principe était si bien établi que chacun eût crié au scandale si l'on eût vu le Dauphin le braver. Restaient les filles du roi de Saxe, Auguste III, qui avait chassé Stanislas Leczinski de Pologne, et semblait avoir renoncé à toute alliance avec la France. Au premier abord, on pouvait donc croire que ces dernières princesses, en vertu de ce souvenir, ne pouvaient pas même prétendre à la place de Dauphine. L'aînée des deux, à laquelle on avait un instant songé, ne tarda pas à se marier avec un prince de Bavière. La seconde, la princesse Marie-Josèphe, n'avait que seize ans. Ce fut elle cependant qui fut choisie. Ce mariage fut en grande partie l'œuvre d'un personnage bien connu, qui est peut-être le plus original du dix-huitième siècle. Le maréchal de Saxe, dont on sait l'origine, avait alors un grand crédit à la cour. Ses talents militaires, que les juges compétents placent si haut, étaient relevés par un art de plaire, une gaieté et un entrain vraiment français, qui le firent, pendant quelque temps, le favori du Roi et l'idole de la nation. Sa verve intarissable lui gagnait tous les cœurs ; sa bonhomie, qui cachait un fond de finesse, le faisait marcher d'un pas tranquille sur le terrain mouvant d'une cour, dont il ne paraissait pas apercevoir, mais dont il démélait toutes les intrigues. Il amusait le Roi tout en sachant plaire à la Reine, et courtisait madame de Pompadour pendant qu'il était un héros aux yeux du Dauphin, qui se vantait d'avoir combattu sous lui à

Fontenoy et mettait son portrait à la place d'honneur dans son cabinet. On comprend que, passionné pour la grandeur de sa maison, et sentant quel appui ce serait pour lui de placer sa nièce sur les marches du trône, le maréchal de Saxe, dès qu'on lui eut fait savoir le désir qu'avait son frère de s'allier au roi de France, mît toute son ardeur à atteindre ce résultat. Aussi l'ambassadeur de Saxe, le comte Loss, lui avait-il fait part du projet de mariage même pendant la campagne de 1746. Une publication récente nous montre avec quelle vivacité Maurice de Saxe prit l'affaire[1]. Au milieu de son camp, pendant les marches, sous la tente, il écrit à son frère, à madame de Pompadour, au comte Loss, comme s'il n'eût eu d'autre souci en tête. Son ardeur pour le plan de ce mariage est aussi vive que s'il se fût agi d'un plan de campagne. Il y pense à toute heure ; il envoie lettres sur lettres, et dans cette prose écrite sur le champ de bataille,

---

[1] *Marie-Josèphe de Saxe et Maurice de Saxe,* par le comte DE VITZHUM.

les faits de guerre sont ceux qui tiennent le moins
de place et dont il parle le plus modestement.

Si les affaires militaires réclamaient un bon général, la négociation du mariage avait aussi besoin, pour réussir, de toute la stratégie d'un diplo-
mate consommé ; car, tandis que le maréchal de
Saxe intriguait, d'autres ne se faisaient pas faute
d'intriguer contre lui. Un instant il eut pour rival
le roi de Prusse, qui offrait la main de sa sœur,
qui avait vingt-six ans et était protestante. Cependant, comme la France était l'alliée de Frédéric, on crut qu'il l'emporterait, et le bruit en
courut à Paris. L'Espagne avait envoyé un ambassadeur, le duc de Huescar, qui prenait le ton
fort haut, et menaçait d'un refroidissement de la
part de l'Espagne pour la France, si la princesse Antonia ne venait pas remplacer sa sœur.
Le maréchal de Noailles, fort influent à la cour,
appuyait fortement le parti espagnol, et la reine
Marie, qui ne pouvait oublier qu'elle était fille de
Stanislas, penchait pour cette alliance. Elle avait,
comme dit vivement le maréchal de Saxe, son
petit coin de *Stanislaïsme,* qui lui faisait redouter

l'alliance saxonne. Enfin, la princesse de Carignan travaillait pour la princesse de Sardaigne, qui, à la vérité, avait peu de chance, parce que la famille de Savoie passait pour avoir une santé délicate, et qu'on tenait, par-dessus tout, à ce que la nouvelle Dauphine fût robuste. Toute l'influence du maréchal de Saxe n'était pas de trop pour venir à bout de tous ces obstacles. A la vérité, le Roi et le ministre des affaires étrangères, le marquis d'Argenson, n'étaient pas mal disposés, et ce dernier même, dans ses Mémoires, s'attribue tout l'honneur d'avoir mené à bien la négociation. La nouvelle de la bataille de Raucoux (juin 1746) vint à point nommé appuyer les efforts de Maurice et le rendre maître de la situation. Il était impossible de rien refuser à un homme qui appuyait sa cause de si bonnes raisons; on se résolut donc à envoyer à Dresde le marquis des Issarts, qui était chargé de s'assurer de ses propres yeux si la Dauphine était telle que le comte de Loss la dépeignait. Il fit un rapport des plus favorables. Le maréchal de Saxe quitta l'armée le 20 octobre et arriva grand train à Fon-

tainebleau. Le 21 il écrivait au comte de Loss :
« J'ai de bonnes et agréables choses à vous dire,
Monsieur ; ayez la bonté de venir à Fontainebleau
quand vous le pourrez. Toujours mystère, s'il
vous plaît. Adieu, Monsieur.

« Fontainebleau, ce 21 octobre 1746. »

Le mariage était décidé, et Maurice de Saxe
avait remporté cette victoire aussi facilement qu'il
venait de battre le prince Charles de Lorraine.
Mais là ne se borna pas son travail ; il continua à
s'occuper avec ardeur du sort de sa nièce. Il écrivait de longues lettres à Dresde, pour faire connaître au Roi son frère sur quel terrain la nouvelle Dauphine aurait à marcher. Il s'y loue
beaucoup de la Reine, malgré le petit *coin de
Stanislaïsme* qui ne devait pas plaire à Dresde.
Du Roi, il fait un portrait charmant, qui nous
paraît un peu flatté, et que la pauvre Dauphine
dut trouver aussi, plus tard, plus beau que nature : « Le Roi beau-père, dit-il, est charmant ; il
aime ses enfants, et aux caresses qu'il faisait à
madame la Dauphine défunte, je juge de celles
que notre princesse aura à souffrir..... La prin-

cesse Josèphe n'aura qu'à l'aimer pour être la plus heureuse du monde, car le Roi est susceptible d'amour. Il est tendre pour sa famille, et il joint à ces avantages, qui font le vrai bonheur de famille, tous les agréments et les prévenances qui peuvent rendre une princesse aimable. » Plus loin, il donne à la future Dauphine des conseils. Il lui recommande de se défier des femmes de la cour, « qui ont toutes de l'esprit comme le diable et sont méchantes de même ». Il l'exhorte à se confier entièrement au Roi et à le traiter comme un père. « Quant à M. le Dauphin, il a beaucoup d'esprit, plus même qu'il n'en paraît avoir. » C'est tout ce que le maréchal dit du Dauphin, qui devait cependant être le personnage le plus intéressant pour la princesse de Saxe. Mais s'il n'osait pas en dire davantage, le maréchal de Saxe avait ses raisons, et il lui eût été difficile de parler de la répugnance extrême que le Dauphin témoignait à se remarier, répugnance qui croissait à mesure que le moment approchait. Il fallait donc passer rapidement sur le futur mari et ne parler que de l'éclat de la situation ainsi acquise, qui était presque aussi grande pour lui que pour la princesse. Le maréchal de Saxe marchait au premier rang dans l'armée française, et comme oncle de la Dauphine, il allait tenir à la cour une place sans égale. On eût sans doute aimé à lui voir un peu plus d'inquiétude sur les sentiments personnels de sa nièce, mais là encore le sort le favorisa, et malgré toutes les apparences contraires, il avait assuré le bonheur du Dauphin et de la princesse Josèphe.

Le second mariage du Dauphin fut déclaré au mois de décembre 1746, six mois après la mort de l'Infante. Le duc de Richelieu fut désigné pour aller chercher la princesse. « Il a fait faire des équipages et des livrées magnifiques », dit l'avocat Barbier, qui ne manque jamais de vanter la splendeur des grands seigneurs français. De toutes parts les commentaires recommencèrent, et les comparaisons entre la première et la seconde Dauphine allèrent leur train. On espéra qu'elle serait plus aimable que sa devancière. Tous les rapports qui arrivaient de Saxe la représentaient comme vive, pleine de bonté et d'envie de plaire. Son éducation avait été fort soignée; elle parlait plusieurs langues étrangères, voire même le latin. « Tous les sentiments de ceux qui ont vu madame la Dauphine paraissent s'accorder, dit le duc de Luynes. On dit qu'elle n'est point grande, que son nez est fort mal, que, quoiqu'elle entende fort bien le français, elle le parle mal et avec peine. D'ailleurs, elle a de beaux yeux et est fort bien faite; elle est blanche, a de beaux cheveux, beaucoup de désir de plaire, remplie d'attention, de l'esprit, de la vivacité, sentant parfaitement tout son bonheur, souhaitant passionnément de réussir dans cette cour-ci, une très-bonne santé, point délicate de corps ni d'esprit, encore un peu enfant, une extrême envie d'apprendre le français, demandant qu'on la reprenne sur les mauvais mots qu'elle pourra dire. On dit qu'elle a été fort bien élevée et qu'elle a de la religion [1]. » Ce portrait était au-dessous de la vérité. La jeune princesse qui allait arriver à la cour était agréable, sinon jolie, pleine de vivacité et d'entrain, gaie, quoique capable de

[1] LUYNES, février 1745.

gravité, mais surtout passionnée pour l'accomplissement de ses devoirs, et résolue à tout leur sacrifier. C'était là ce qu'elle avait de commun avec son futur mari. Élevée par une mère pieuse, dans un intérieur facile, elle avait pris le goût de toutes les vertus domestiques, et devait se trouver en parfait accord avec le Dauphin sur la conduite à tenir au milieu des plaisirs de la cour. Elle joignait à ces qualités une grande fermeté d'âme, qui lui permit de supporter, sans se montrer émue, les premières épreuves de son mariage. Madame de Pompadour, qui avait contribué à cette union, espérait fort que la nouvelle Dauphine lui en saurait gré et que le Dauphin cesserait de lui témoigner cette froideur méprisante qui la blessait au vif. « Je suis bien aise, écrivait-elle, qu'on donne une femme au Dauphin, car j'ai bien peur que la dévotion ne lui tourne la tête..... Le jeune prince est bon comme son père, mais son éducation a été fort négligée. » Mais la marquise se trompait fort, si elle croyait que la nouvelle venue allait achever l'éducation de son mari en le poussant à changer de conduite. La jeune princesse qui arrivait, au courant de l'état de la cour, n'avait garde d'atténuer chez son mari une aversion pour l'infidélité conjugale, sentiment qui était la garantie de son propre bonheur.

Tout le monde prenait donc le nouveau choix en bonne part. Il n'y avait que le pauvre Dauphin auquel personne ne paraissait songer, et qui ne pouvait cacher son chagrin. Plus le moment d'obéir au Roi approchait, plus l'obéissance lui semblait difficile. Tout son chagrin, qui avait paru calmé, se réveillait plus vif que jamais. Son état d'âme devint bientôt si visible que la princesse ne put l'ignorer. Elle en fut instruite d'une façon inattendue qui ne fut que plus pénible. Le 29 janvier 1747, la future Dauphine fut remise par le prince Lubormirski entre les mains du maréchal de la Fare et de la duchesse de Brancas. La cérémonie eut lieu dans une presqu'île du Rhin, près du fort de la Pille. Le cortége se dirigea immédiatement vers Versailles, mais on ne voyageait pas vite alors, surtout quand on rencontrait à chaque instant des fêtes et des harangues qu'il fallait subir de bonne grâce. A Troyes, on joua devant la princesse une pastorale où l'on portait aux nues ses talents et ses connaissances. La Dauphine, ayant appris qu'on avait imprimé ce panégyrique, craignit qu'il ne la rendît ridicule en lui donnant la réputation de pédante ; elle fit demander tous les exemplaires, qu'elle brûla sur-le-champ, ce qui montre qu'elle savait déjà fort bien se conduire. Après cet incident, qui l'avait déjà mise en médiocre humeur, elle soupait en grande cérémonie, et la foule, qui était venue la considérer, était très-nombreuse. Pendant le repas, un courrier apporta à madame la duchesse de Brancas une lettre qu'elle reconnut être du Dauphin. Aussitôt la Dauphine voulut voir cette lettre que madame de Brancas n'osait décacheter. Dès qu'elle l'eût ouverte, les assistants la virent se lever précipitamment et chercher un refuge dans sa chambre. Le Dauphin, tout en remerciant madame de Brancas de la charmante description qu'elle lui avait faite de la princesse Josèphe, finissait en disant « que, quelques charmes qu'elle pût avoir, elle ne lui ferait jamais oublier celle qu'il venait de perdre ».

Telle était la bienvenue réservée à la nouvelle épouse. On ne peut s'empêcher d'avoir pitié de ces deux pauvres enfants, l'un de dix-sept ans, l'autre de quinze, qui étaient ainsi l'un et l'autre victimes du bien de l'État.

Quand la Dauphine fut arrivée à Nangis, le maréchal de Saxe vint lui faire sa cour. Il était sûr d'être bien accueilli, car il avait reçu, aussitôt après la conclusion du mariage, une lettre de la Dauphine, ainsi conçue : « Monsieur le maréchal de Saxe, sachant l'obligation que je vous dois du bonheur qui m'arrive par mon mariage avec le Dauphin, je ne veux pas différer jusqu'au temps que j'aurais le plaisir de vous voir moi-même en France, à vous en marquer ma reconnaissance. Elle est proportionnée au service que vous m'avez rendu. Je ne l'oublierai jamais, et suis, avec les plus parfaites estime et considération, Monsieur le maréchal, comte de Saxe,

Votre très-affectionnée,

MARIE-JOSÈPHE.

A Varsovie, ce 16 novembre 1746. »

Il fallait bien aussi que le maréchal jetât un coup d'œil sur la toilette de la future Dauphine, et vît si l'on avait suivi les conseils qu'il avait envoyés à ce sujet à Dresde, dans une longue lettre où il s'occupait avec tant de détails de ce chapitre, parlant d'étoffes, de fourrures, voire même de corsets, qu'évidemment il s'entendait aussi bien à critiquer l'habillement d'une femme qu'à battre les Allemands.

Le Roi et le Dauphin allèrent au-devant d'elle jusqu'à Corbeil; la Reine n'alla que jusqu'à Choisy. L'entrevue eut lieu suivant le cérémonial ordinaire. La Dauphine soutint bien son rôle, et tout le monde alla droit à Choisy, où l'on présenta la cour à la nouvelle princesse. Elle plut à chacun par sa bonne grâce et son affabilité, et sut toucher le cœur du Roi en lui disant qu'elle ne trouvait pas dans sa corbeille ce qu'elle désirait le plus, c'est-à-dire le portrait du Roi. Le mardi 9 février, M. de Ventadour, coadjuteur de Strasbourg, célébra le mariage. Cette journée fut rude pour les deux époux; elle dut leur paraître un affreux supplice. On dit, en effet, que lorsque le cérémonial accoutumé que le maréchal de Saxe appelle, dans son langage pittoresque, un véritable sacrifice, eût été accompli et qu'on eût introduit les jeunes époux dans leur appartement, le Dauphin se retrouvant dans la même chambre où il avait vu mourir sa première femme, voyant les mêmes meubles qu'on n'avait pas encore eu le temps d'ôter, se mit à pleurer à chaudes larmes, en dépit de la présence de la pauvre Marie-Josèphe. Fort émue à ce spectacle, elle comprit que ces pleurs venaient d'un cœur innocent et incapable de dissimulation. « Donnez, Monsieur, un libre cours à vos larmes, dit-elle doucement, ne craignez pas que je m'en offense ; elles me présagent, au contraire, ce que j'ai le droit d'attendre, si je suis assez heureuse pour mériter votre estime, ce qui est mon unique ambition. » Voilà quels étaient les entretiens de ces deux jeunes gens dans un jour où, si l'on n'éprouve pas le bonheur, on s'efforce au moins de le feindre. Le lendemain fut encore un jour difficile pour la pauvre Dauphine, qui se trouvait entre un mari qui ne l'aimait pas et une belle-mère qui avait les plus justes sujets de la voir en-

trer dans sa famille avec déplaisir. Il était d'étiquette que, le second jour des noces, la Dauphine
portât en bracelet le portrait de son père. Quoique la Reine eût bien accueilli sa nouvelle belle-fille
et qu'elle eût promis de lui servir de mère, c'était
un moment critique et une humiliation cruelle
pour la pauvre Marie Leczinska, forcée de voir
porter, en signe de joie, le portrait de celui qui
avait dépouillé son père. Le commencement de la
journée parut long à chacun ; nul n'osait regarder
le fatal bracelet. A la fin, la Reine, toujours bonne
et charitable, dit à la Dauphine : « Voilà donc,
ma fille, le portrait du Roi, votre père. — Oui,
maman, regardez comme il est ressemblant. » Et
en même temps elle montra le médaillon, qui
était, non pas celui du roi Auguste, mais celui de
Stanislas Leczinski. Il était impossible de témoigner avec plus de grâce le prix qu'elle mettait à
obtenir l'amitié de la Reine. Aussi, touchés de
tant de bonne volonté, Marie et son père la re-
gardèrent-ils comme leur enfant, et l'union la plus
complète régna dès lors entre la belle-mère et la
belle-fille. Il lui fut plus difficile de vaincre la froi-

deur du Dauphin. Nous allons voir au prix de quels soins et de quelles vertus elle y réussit.

Madame Henriette, la sœur préférée du Dauphin, aida beaucoup la Dauphine à passer ces pénibles moments. Elle raisonnait son frère, fidèle à la promesse qu'elle lui avait faite, étant encore enfant, de lui dire toujours la vérité. Elle ne lui cachait pas qu'il était injuste de faire retomber sur la Dauphine le chagrin que lui avait causé la mort de sa première femme. Aussi Marie-Josèphe lui garda-t-elle toujours une vive reconnaissance pour sa bonté. Plus tard, en 1752, quand madame Henriette mourut presque subitement, elle écrivait à sa mère cette lettre touchante qui raconte avec une simplicité naïve les débuts de ce ménage royal :

« 19 février 1752.

« Non, ma chère maman, rien n'est comparable à l'état où je me suis trouvée dans ce moment. J'aimais tendrement ma sœur. Je m'étais liée avec elle d'une amitié très-étroite, pour ainsi dire, dès le premier moment. De plus, je lui dois le bonheur

de ma vie, car l'amitié que M. le Dauphin a pour
moi, je ne la dois qu'à ses soins, car je ne puis
vous cacher que, quand je suis arrivée ici, il m'a-
vait dans la plus grande aversion ; on l'avait pré-
venu contre moi. D'ailleurs, il était très-fâché de
me voir occuper la place d'une femme qu'il avait
tendrement aimée, il ne me regardait que comme
une enfant : tout cela l'éloignait de moi et me
causait un chagrin mortel. Je tâchais, par une
obéissance aveugle aux moindres de ses volontés,
de lui prouver le désir que j'avais de lui plaire,
mais je n'avais pas beaucoup d'instants dans la
journée où j'aie pu le lui prouver, puisqu'il ne restait pas un moment seul avec moi ; il faisait venir
Mesdames, prenait Adélaïde avec lui et me laissait avec Madame. Elle voyait la douleur que me
causait cette conduite. Elle ne m'en marquait rien,
mais elle me conseillait sur ce que j'avais à faire,
et puis, quand je n'y étais pas, elle parlait à M. le
Dauphin, lui peignait ma douleur et mon désespoir de ne pouvoir lui plaire ; enfin, elle fit tant
qu'il prit pitié de moi et me traita un peu mieux.
Quand elle eut gagné sur ce point, elle continua

ses tendres soins et fit tant jusqu'à la fin, que M. le Dauphin prit de l'amitié pour moi, et, jusqu'à la fin de sa vie, elle l'a toujours cultivée et augmentée. »

Le second mariage du Dauphin fut, comme le premier, l'occasion de nombreuses fêtes, tant à la cour qu'à la ville. Elles furent cependant moins animées et moins brillantes que l'année précédente. Les gravures qu'on avait conservées des anciennes étaient si belles, qu'on les offrit à la nouvelle Dauphine, sans s'occuper de savoir si un pareil cadeau lui serait agréable. Il y eut un grand bal paré dans une salle que l'on avait construite exprès pour la circonstance, dans le manége. La foule y fut si grande que les personnages les plus considérables avaient peine à y trouver place, ce qui donna lieu à une plaisanterie qui courut alors tout Paris. Une personne que l'on pressait vivement de quitter une place qui ne lui était pas destinée répondit en criant très-fort : « Cela m'est égal, Monsieur ; si cela ne vous convient pas, je suis colonel au régiment de Champagne. » A quelques pas de là, une dame qui voulait aussi garder sa place, ayant entendu cette réponse, dit à ceux qui la poussaient : « Vous ferez ce que vous voudrez, je suis du régiment de Champagne. » Le mot eut du succès, et telle est l'origine d'une expression qu'on trouve quelquefois dans les mémoires du temps, pour désigner quelqu'un dont la résolution est bien arrêtée. A un grand bal masqué donné par le Roi, il y eut aussi une aventure assez comique. On avait placé dans une salle un buffet très-bien garni, où les danseurs pouvaient reprendre des forces. Un certain masque en domino jaune allait fréquemment vers ce lieu de délices, et il fallait que ses forces s'épuisassent bien vite, si l'on en croyait le ravage affreux qu'il faisait dans les provisions. Tout le monde, jusqu'au Roi, remarqua ces fréquents voyages. Le Roi voulut savoir quel était ce nouveau Gargantua, et le fit suivre. On vit alors que c'était un domino jaune que les Cent-Suisses avaient loué, et qu'ils mettaient tous les uns après les autres pour pouvoir aller jouir des charmes du buffet. Cet incident divertit beaucoup. La nouvelle Dauphine avait d'ailleurs tous les succès;

sa bonne grâce, son extrême envie de plaire faisaient merveille à la cour : le Roi lui témoigna tout de suite une extrême bienveillance. « Comment trouvez-vous la nouvelle Dauphine? écrivait madame de Pompadour; elle n'est pas belle, mais elle a des grâces et a je ne sais quoi qui plaît encore plus que la beauté..... »

Le 27 juin 1747, la Dauphine fit son entrée solennelle à Paris; elle fut fort bien reçue. La foule la regarda se promener dans Paris, et sa bonne grâce lui valut l'approbation générale. Le Roi était à l'armée. Il avait quitté Versailles à la fin de mai. Cette fois le Dauphin ne l'y accompagna pas, quelque envie qu'il eût de porter les armes. Depuis Fontenoy, le Roi ne lui permit plus de se battre, retenu d'un côté par la crainte d'exposer l'héritier du trône, et de l'autre par cette espèce de froideur jalouse que nous avons déjà fait remarquer, et que le temps ne faisait que rendre plus sensible. Il ne lui plaisait pas d'emmener avec lui un fils dont on ne manquait pas de comparer la vie avec la sienne. Le Dauphin en fut donc réduit à reprendre avec sa femme et ses sœurs une vie paisible et studieuse à Versailles. Ils formaient une petite société fort jeune et assez gaie, qui jouissait de la liberté que l'absence du Roi leur procurait : la conversation ne chômait pas dans les promenades qu'on faisait en commun, et certes on s'y dédommageait grandement de la contrainte habituelle du régime des cours. Ces honnêtes distractions ne suffisaient cependant pas pour consoler entièrement le Dauphin de l'inaction où on le tenait loin du théâtre du combat, auquel il brûlait de prendre part. Le besoin d'agir, si grand chez toutes les âmes bien nées, surtout dans la jeunesse, lui faisait trouver amer d'être inoccupé, inutile à Versailles, pendant que d'autres se battaient pour la France.

Le Roi écrivit lui-même au Dauphin pour raconter la victoire de Lawfeld qui fut un nouveau triomphe pour le maréchal de Saxe. Il finissait en le priant de dire à la Dauphine, à sa chère « Pépa », comme tout le monde l'appelait dans la famille, qu'il fallait qu'elle écrivît au maréchal de Saxe, afin de le gronder de s'exposer comme un grenadier. Lorsque les gens de la cour vinrent faire des compliments au Dauphin sur la nouvelle de la victoire, il répondit qu'il était bien fâché de les recevoir à Versailles. Dans l'ardent désir qui le dévorait d'aller à l'armée, il s'était enhardi jusqu'à écrire au Roi pour lui demander la permission de le rejoindre. C'était beaucoup oser, car déjà plusieurs fois ses sollicitations avaient été repoussées. Il attendit la réponse avec une anxiété si vive qu'il n'en dormait plus. Le Roi lui répondit avec beaucoup de tendresse, mais sans lui accorder la permission demandée. Ce ne fut pas la dernière fois que le pauvre Dauphin dut faire rentrer son ardeur en lui-même. Il ne se plaignit pas à son père, il ne se le fût pas cru permis, mais il est facile de comprendre combien de pareils refus, aussi persistants, devaient laisser d'amertume au fond de son âme. Il ne cacha pas son chagrin à la Dauphine. Elle partageait ses sentiments, et ces premières confidences commencèrent le rapprochement des jeunes époux. La mort de la petite Madame, fille de la première Dauphine, qui vint peu après, causa au Dauphin une vive affliction, et il sut gré à sa nouvelle épouse de prendre vivement part à son chagrin, ce qui contribua aussi à rendre leur union plus intime.

La paix d'Aix-la-Chapelle, vint, en 1748, donner à la France quelques années de tranquillité, et enlever au Dauphin la seule occasion de paraître qu'il avait espérée. Une sorte de découragement commença alors à s'emparer de lui, et il se réfugia de nouveau dans la solitude. Son temps se partageait entre le strict accomplissement des devoirs que lui imposait sa position et l'étude à laquelle il donna tous les loisirs qu'il put dérober à la vie de la cour. Il aimait aussi la conversation et les arts. Il avait un goût tout particulier pour la musique et se plaisait beaucoup à chanter des airs religieux. On se moquait, à la cour, de ce goût, et l'on disait qu'il passait sa vie au lutrin comme un chantre. Le présent ne lui réservant aucun rôle, il voulut au moins se préparer pour l'avenir, et toutes ses études se portèrent sur les connaissances qui pouvaient lui être utiles pour gouverner. Il avait beaucoup à apprendre en ce genre, n'ayant reçu jusque-là qu'une éducation littéraire assez superficielle, mais il se mit sincèrement à l'œuvre, et les matières les plus graves ne le rebutèrent pas. Le droit et l'histoire furent les principaux objets de ce travail incessant qui ne finit qu'avec sa vie. Si grande était son ardeur qu'il avait ordonné à un valet de chambre de le réveiller de bonne heure le matin, fût-ce en lui jetant de l'eau au visage, afin de pouvoir consacrer au travail les heures paisibles de la matinée. La conséquence de cette vie retirée et un peu sauvage fut que, comme il renonçait à disputer toute influence à ses secrets ennemis, eux aussi ne gardèrent pas de ménagement avec lui, et l'on commença à le traiter avec un sans-gêne et un dédain bien singuliers pour un héritier du trône. Le Roi lui-même, sous l'influence de madame de Pompadour et des faux rapports qu'on lui faisait parvenir au sujet des sentiments du prince, se prêtait aux humiliations qu'on n'épargnait pas à son fils, témoin cette anecdote rapportée par M. d'Argenson dans son journal, qui jette un jour bien triste sur cet intérieur royal :

« **27 octobre 1749.**

« M. le Dauphin a eu un grand mécontentement cet hiver dont on m'a appris l'anecdote. Le
maréchal de La Fare, ayant envie et grand besoin
d'avoir cent mille francs, résolut de demander
une survivance qui les lui donnerait, pour la
place de chevalier d'honneur de madame la Dauphine. Il en demanda l'agrément à M. le Dauphin
et l'obtint. Le Dauphin imagina de donner cette
survivance au duc de Rohan, gendre de son gouverneur, si malheureux par sa disgrâce. Et avec
cela, le duc de Rohan a plus de mérite qu'on ne
le croit ; sous une enveloppe épaisse, il a du bon
sens et beaucoup de valeur ; il a quitté le service
pour des injustices éprouvées. M. le Dauphin l'aime
et eût été vain de se l'attacher. Il le mande ; il eut
de la peine de le persuader de le faire sortir de
son repos et de donner cent mille livres pour cela.
Mais la sensibilité à la prévenance de M. le Dauphin l'y porta facilement. Il accepta. Le prince
conduisit mal la proposition : la faute en résulta
cependant d'*espions*. Il fut vendu par ses confi-

dents; le Roi se trouva le savoir; madame de Pompadour y mit la main. Sa Majesté n'écouta que la moitié de la proposition et répondit : « M. de La Fare demande un survivancier ; bon, nous verrons. » Le lendemain, le Roi lui envoya dire qu'il lui donnait M. de Sassenaye. » C'est ainsi que le pauvre Dauphin ne pouvait pas choisir même les officiers de la maison de sa femme.

Il vit avec chagrin l'exil et le renvoi de Maurepas, le seul des ministres qui eût pour lui et pour la Reine quelque égard. Mais quand il se laissa aller à exprimer son chagrin, le Roi le réprimanda vertement. La froideur de leurs rapports devenait tous les jours plus manifeste, et le Roi laissait percer ses sentiments jusque dans les moindres incidents. Ainsi, l'année suivante, au mois de septembre, au retour d'un voyage qu'elle fit seule à Forges, la Dauphine mit au monde une fille, dont la naissance désappointa tout le monde, parce qu'on désirait beaucoup un héritier du trône. Et « le Roi, dit M. d'Argenson [1], a marqué à ma-

---

[1] ARGENSON, 4 septembre 1750.

dame la Dauphine un visage austère et froid sur ce qu'elle ne lui avait pas donné un prince ; tristesse, chagrin de part et d'autre. M. le Dauphin est fort consterné. »

La pauvre Marie Josèphe ne débutait donc pas bien à la cour, mais l'amitié toujours croissante que lui témoignait son mari la dédommageait de toutes les peines qu'elle avait d'abord eu à subir. Cette même année, le Dauphin ayant eu vingt et un ans, le Roi lui donna l'entrée au conseil, sans qu'il eût encore le droit d'opiner. C'était cependant quelque chose que d'assister à l'expédition des affaires. Le Dauphin pouvait s'y instruire et s'habituer au gouvernement. Le soir du jour où il était pour la première fois au conseil, la Dauphine ayant eu de l'humeur, il lui dit en plaisantant : « Qu'avez-vous donc, Madame ? feriez-vous déjà la femme de ministre [1] ? »

Heureusement, l'année suivante, la Dauphine, plus heureuse, mit au monde un fils, qu'on nomma le duc de Bourgogne. Le Dauphin se trouvait seul

---

[1] Collé, octobre 1750.

avec la Dauphine quand l'événement arriva. Comme il était absolument nécessaire qu'il y eût des témoins de cette naissance royale, le Dauphin fit entrer les premières personnes venues.

« Le premier témoin que M. le Dauphin a pu faire entrer, dit Barbier [1], toujours au courant de tout, était le garde du corps qui était en sentinelle et qui a eu peine à quitter son poste, mais M. le Dauphin a pris la chose sur son compte. Le second témoin a été le porteur de chaise de madame de Lauraguais, qui était dans l'antichambre. Ils sont entrés les premiers. » Ces singuliers témoins furent bien récompensés pour le service auquel ils ne s'attendaient pas, et le lendemain matin, le 13 septembre 1751, le canon de la Bastille annonça à Paris que le Dauphin avait un fils. La joie fut grande tant à Paris qu'à la cour. On illumina brillamment, il y eut un *Te Deum* solennel à Notre-Dame. Les différents corps de métier vinrent féliciter le Roi et le Dauphin. Les tailleurs apportèrent une veste pour le nouveau prince ; les

---

[1] BARBIER, septembre 1751.

tapissiers, un lit; les boulangers, de la farine pour faire de la bouillie. Il y eut jusqu'à des bouchers qui voulurent tuer un bœuf dans la Cour de marbre, en signe de réjouissance. On vit cependant, à la froideur avec laquelle le Roi fut reçu à Paris le jour du *Te Deum*, combien le gouvernement désordonné de Louis XV et le scandale de sa vie lui aliénaient peu à peu la France. « Le peuple, dit l'avocat Barbier, n'a point crié : Vive le Roy ! Les officiers mêmes étaient obligés de dire au peuple de crier ; on les a entendus. Le peuple, en général, n'est pas content de ce qu'on n'ôte aucun impôt, d'autant plus d'ailleurs que le pain s'est trouvé augmenté ces jours-ci. »

Cette froideur fut si visible qu'il fut décidé qu'au lieu de faire des réjouissances publiques à Paris, pour la naissance du duc de Bourgogne, qui ne feraient qu'amuser le peuple, on marierait et doterait six cents filles dans Paris. Le Dauphin avait lui-même sollicité cet emploi de l'argent destiné à célébrer la naissance de son fils. Il dit au Roi « qu'il verrait avec peine tant d'argent s'en aller en fumée ». On retrouve bien là le prince qui refusait de voyager afin de ne pas grever le Trésor public. Les six cents mariages furent célébrés avec grande pompe dans les diverses paroisses de Paris, et ces fêtes d'un nouveau genre occupèrent le public quelque temps. La naissance du duc de Bourgogne combla de joie le Dauphin, qui désirait passionnément avoir un fils et espéra trouver une douce occupation dans l'éducation de cet enfant. Mais comme il était dit que, dans les dispositions où étaient pour lui le Roi et la cour, rien ne lui réussirait complétement, sa nouvelle dignité paternelle, au lieu d'accroître, diminua son importance. Tant qu'il était sans héritier, on tenait à ménager celui qui pouvait perpétuer la branche aînée des Bourbons. Une fois père, il n'était plus nécessaire, et son existence perdait de son prix. Mais le Dauphin avait l'âme trop haute pour s'apercevoir seulement du changement de sa situation. Il aima son fils avec une ardeur toute paternelle, et l'on verra plus loin que son premier-né conserva toujours la première place dans son cœur.

La naissance du duc de Bourgogne vint donc simplement apporter de la joie et de la vie dans l'intérieur de famille du Dauphin, que d'autres enfants devaient bientôt animer encore davantage. Le Dauphin et la Dauphine eurent huit enfants, trois filles et cinq garçons : Marie-Zéphirine, née en 1750, morte en 1755 ; Louis, duc de Bourgogne, né en 1751, mort en 1762 ; Louis, duc d'Aquitaine, mort en 1753, trois mois après sa naissance ; Louis, duc de Berry (Louis XVI), né en 1754 ; Stanislas-Xavier-Louis, comte de Provence (Louis XVIII), né en 1755 ; Philippe, comte d'Artois (Charles X), né en 1757 ; Marie-Clotilde, née en 1759, mariée au roi de Sardaigne Emmanuel IV, et Élisabeth, née en 1764, dont on connaît le sort tragique.

La succession au trône était ainsi largement assurée, mais le trône lui-même était loin de l'être, et des indices trop certains trahissaient le péril qui menaçait les institutions de la France. Du fond de sa retraite, le Dauphin ne pouvait le méconnaître. L'éclat extérieur dont brillaient encore Paris et Versailles ne lui cachait pas la vérité. Le luxe, l'élégance raffinée de la capitale, la pompe et les splendeurs de Versailles pouvaient à la première vue donner le change sur l'état du pays. De loin cette cour fastueuse et brillante, entourée de littérateurs élégants et spirituels, et d'artistes dont le talent gracieux dans son affectation fait encore les délices des amateurs modernes, pouvait sembler être à la tête d'un pays riche et prospère. Mais ces apparences étaient trompeuses, et sous ces brillants dehors se cachaient une désorganisation dans les finances, un affaiblissement graduel dans l'autorité, une licence effrénée dans les mœurs, qui allaient toujours en augmentant. Il régnait comme un vague mécontentement dans les esprits, et chacun s'habituait à rendre le gouvernement responsable du malaise général. Les plans de réformes abondaient et soulevaient des discussions passionnées, qui accoutumaient tous les esprits à voir les principes mêmes du pouvoir mis en question. Les luttes du Parlement et du Roi affaiblissaient l'autorité royale, qui manquait d'énergie et de suite. La religion souffrait également

des combats que le clergé avait à soutenir contre
les Jansénistes, et les philosophes profitaient de
ces divisions pour s'attirer la faveur publique, en
défendant tous ceux qui attaquaient, soit l'autorité royale, soit l'autorité ecclésiastique. L'affaiblissement des croyances, la facilité à accuser le
pouvoir, les désirs vagues de réformes dans les
classes supérieures, la misère et, par suite, la con-
voitise dans le peuple, tels étaient les signes avant-
coureurs de la révolution, qui devait avoir lieu
trente ans plus tard. Les esprits clairvoyants
étaient inquiets et troublés; mais les idées de ré-
novation, de changement, passionnaient le plus
grand nombre; l'État ne subsistait, dans son ancienne forme, que par la force de l'habitude. Ce
n'est pas que le pouvoir royal fût sans force, la
monarchie avait trop de racines dans cette France,
qu'elle avait tant contribué à faire ce qu'elle était,
pour qu'elle n'eût pas bien des éléments de résistance à opposer au flot toujours grossissant des
novateurs. Pour raffermir le gouvernement, il eût
fallu un de ces hommes supérieurs comme jusque-
là il n'en avait jamais manqué à la France dans

les grandes circonstances, un de ces esprits d'élite qui savent donner une impulsion à leur pays, et diriger les événements s'il ne les font pas naître. La main débile de Louis XV n'était capable de rien prévenir. A ce moment critique de son histoire, la France se trouve, pour ainsi dire, sans chef; elle offre le singulier spectacle d'un gouvernement absolu, obéi sans résistance, mais sans aucun pouvoir moral. Le Dauphin était, par sa situation même, mieux à portée que personne de juger de l'état des choses. Il vivait près du Roi et le voyait gouverner, mais la voix du mécontentement public pouvait arriver jusqu'à lui, tandis que son père vivait dans une atmosphère factice, dont il ne se souciait pas de sortir. Effrayé de la déconsidération où il voyait le pouvoir royal tomber tous les jours davantage, l'avenir semblait bien noir à l'héritier du trône et la tâche de porter la couronne lui apparaissait comme devant être bien lourde. Que devait-il penser, par exemple, quand il était accueilli à Paris par de sinistres incidents, comme celui que raconte le marquis d'Argenson :

« J'apprends que le jour où M. le Dauphin et madame la Dauphine allèrent à Notre-Dame, à Paris, passant sur le pont de la Tournelle, il y avait plus de deux mille femmes assemblées dans le quartier, qui lui crièrent : « Donnez-nous « du pain, nous mourons de faim. » Madame la Dauphine tremblait comme la feuille. M. le Dauphin appela Chazeron qui était à cheval et qui commandait les gardes : il lui donna sa bourse pour en distribuer ce qu'il jugerait à propos, n'osant pas jeter de l'argent dans Paris sans la permission du Roi ; mais quand Chazeron eut donné quelques louis, les femmes crièrent : « Monsei- « gneur, nous ne voulons pas de votre argent; c'est « du pain qu'il nous faut. Nous vous aimons bien ; « qu'on renvoie cette..... qui gouverne le royaume « et le fait périr ; si nous la tenions, il n'en reste- « rait bientôt rien pour en faire des reliques. » Je sais cela d'un homme qui était dans les carrosses du Dauphin [1]. »

Celui qui souffrait plus que personne du joug

---

[1] 26 novembre 1760, ARGENSON.

de madame de Pompadour pouvait-il entendre sans frémir intérieurement ces cris menaçants? Et cependant tout ce que le Dauphin pouvait faire pour atténuer ces maux, il le faisait sans s'épargner. Constamment préoccupé de la pensée de la misère publique, il se privait personnellement plutôt que d'augmenter les dépenses de la cour, déjà si fastueuses. Nous avons déjà parlé de ce voyage en France, qu'il avait désiré faire et auquel il renonça, parce qu'il aurait coûté trop cher, préférant ne pas connaître la France à accroître ses charges. « Oh ! en vérité, s'écria-t-il, quand on lui dit ce que coûterait le voyage, toute ma personne ne vaut pas au pauvre peuple ce que lui coûterait le voyage ; je ne veux plus y penser. » Une autre fois, comme il était à court d'argent, parce que sa pension était assez minime, il répondit à ceux qui lui disaient de demander une augmentation au Roi : « Je puis me passer de cette somme, et le pauvre peuple en a besoin. Le Roi ne me la refuserait pas, mais je n'en veux point ; qu'on retranche plutôt cette somme sur la totalité des tailles. » Il s'informait avec soin de l'état des classes pauvres, contredisant avec impatience ceux qui lui disaient qu'il n'y avait point de misère. « Suivant mes calculs, il doit y en avoir »; disait-il un jour à un courtisan qui lui tenait ce langage. Il donnait largement et alla même une fois jusqu'à emprunter, dans une circonstance critique, pour secourir les provinces qui souffraient de la disette. Ce fut à M. Pâris de Montmartel, le grand financier de l'époque, qu'il eut recours; c'est grâce à cet emprunt, qui le géna toute sa vie, et qu'à sa mort il n'avait pas encore pu entièrement rembourser, qu'il put satisfaire plus largement son goût pour la charité. Sa bienfaisance, qui ne négligeait aucune des souffrances, s'adressait avec un soin tout particulier aux misères si poignantes de ceux qui avaient été riches, et que leur rang obligeait de cacher leur pauvreté. Il dotait de jeunes filles nobles qui étaient devenues pauvres. Un jour, un homme de qualité, dont il avait payé les dettes, voulait le remercier. « Taisez-vous, Monsieur, reprit-il vivement, je vous ai fait attendre assez longtemps. » Il gagna un jour cent mille livres à Marly, au lansquenet; le lendemain tout était donné. C'est ainsi qu'il essayait d'adoucir les maux qu'il ne pouvait corriger, en attendant que, appelé au gouvernement, il pût y apporter des remèdes plus efficaces.

Il est maintenant nécessaire d'entrer dans quelques détails sur les études que le Dauphin s'imposa pour se rendre digne de cet avenir. Dans les commencements, avons-nous dit, il s'occupait surtout de la littérature, se bornant à polir son style et à acquérir cette élégance de langage que le dix-huitième siècle appréciait au-dessus de toute autre qualité. C'est à cette époque qu'il faut rapporter une lettre à l'abbé de Saint-Cyr, qui ne manque ni de vivacité ni de mordant.

« Le porteur de ma lettre, cher abbé, vous donnera des nouvelles de ma santé. Quant à mes occupations, j'ai fort bien profité de l'avis que vous m'aviez donné de n'en prendre qu'à mon aise. J'ai beaucoup lu, et j'espère, Dieu merci, n'avoir guère profité de mes lectures. J'ai surtout lu force discours académiques, dont quelques-uns m'auraient assez plu pour le sujet;

mais on voit régner partout, dans ces nouveautés, un style à prétentions qui révolte, et passe souvent de beaucoup les bornes communes du ridicule. N'en attendez point d'analyse. Voici, en général, ce qui m'en est resté. L'un couche sur le papier quelques centaines de propositions, de quatre mots chacune, avec un point au bout, et prétend avoir donné un discours. Un autre, non content de parler en syllogismes, a soin de m'en avertir en disant : C'est ainsi que je procède, voici comme je démontre, et ses démonstrations, et ses processions ne finissent point et mènent toujours fort loin de la région du bon sens. J'en vois qui, hérissés de philosophie, ne parlent que par raison directe ou inverse, par quantité et qualités, par produits et par masse. Ce style oriental est du goût de la plupart, mais on est surpris, en lisant, de voir leurs phrases colossales n'accoucher que d'idées puériles ou sans vigueur. Il s'en trouve qui, possesseurs d'un certain nombre de tours de phrases qui ne sont qu'à eux, les distribuent, le compas à la main, pour l'ornement de leurs discours. Plusieurs, persuadés sans doute qu'il est beau de se faire étudier, et qu'un homme d'esprit ne s'énonce point comme un autre pour se faire entendre, ne nous parlent que sur le ton énigmatique de Nostradamus. Je vous en donne à lire une pièce, que j'ai lue moi-même d'un bout à l'autre, sans pouvoir deviner le but de l'auteur : il m'est resté seulement un violent soupçon qu'il a voulu comparer les anciens écrivains avec les modernes; je suis curieux de savoir si vous penseriez comme moi là-dessus. Savez-vous le trait d'un prédicateur dont l'évêque ne doute nullement, et qui mérite au moins d'être vrai? Las de prêcher sans auditoire, le nouveau docteur s'avise, par le sage conseil d'un bedeau de paroisse, de substituer les mots de *bienfaisance* et d'*humanité* à celui de *charité* qui régnait auparavant dans son sermon sur l'amour du prochain, ce qui lui mérita sur-le-champ une de ces réputations qui font tourner la tête; au point qu'il demandait sérieusement si, les termes, « Chrétiens, mes frères », commençant à vieillir, il ne serait pas à propos d'y substituer celui de « Français », ce qui nous rapprocherait des anciens orateurs qui, quand ils parlaient au public, disaient : « Athéniens, Romains ». A cela certain goguenard s'écrie que le projet de réforme est digne d'immortaliser son auteur; mais il ajoute que comme nos prédicateurs ne sont pas censés pour parler à tout le peuple, comme les orateurs dans l'Aréopage ou dans le Sénat, il vaudrait mieux encore particulariser, et dire, par exemple, « Sulpiciens » quand on parlerait aux paroissiens de Saint-Sulpice, « Jacobins » dans l'église de Saint-Jacques, ainsi de suite, et l'on s'en tint à cet avis moyen. Qu'en pensez-vous, l'abbé ? Pour moi, je vous conseille d'être le premier, s'il est possible, qui le mettiez à profit, et vous pouvez compter que Bourdaloue ni Massillon ne méritent plus de vous être comparés. Mais, à propos de sermons, ne manquez pas de venir me débiter les vôtres : j'éprouve à chaque instant le besoin que j'en ai. Surtout ne manquez point l'ordre : au 24, je vous l'intime de nouveau, et suis, avec les sentiments que vous m'inspirez,

« Louis, Dauphin. »

Ses goûts littéraires étaient variés ; il lisait Virgile, Homère, traduisait Pope et Addison, et goûtait vivement l'*Histoire d'Angleterre* de Hume, qui avait alors tant d'admirateurs. Les auteurs classiques anciens charmaient aussi ses études, et l'on conservait à la Bibliothèque de la Chambre des députés un exemplaire du *De officiis* de Cicéron, tout couvert de notes de sa main. Il affectionnait particulièrement ce traité : le devoir et tout ce qui parlait du devoir l'attiraient invinciblement. Plus tard, suivant les avis de ce même abbé de Saint-Cyr, il laissa un peu de côté les belles-lettres pour s'occuper d'études plus utiles à son futur état. La philosophie, les mathématiques, mais surtout le droit, devinrent l'objet de ses occupations. Il apprit le droit civil et le droit criminel, et essaya de se rendre maître des lois alors si compliquées qui régissaient la justice en France. Le Roi, étant un jour entré dans sa chambre, vit sur la table plusieurs gros bouquins de droit. « Il y a apparence », dit-il au Dauphin, « que vous voulez vous faire recevoir avocat à la Tournelle. — Je ne serais pas fâché d'avoir quelque chose des connaissances d'un avocat : la vie d'un homme est un bien qui lui est si propre et si précieux, qu'on ne saurait trop approfondir les titres qui peuvent autoriser à l'en dépouiller. » Il s'occupa aussi beaucoup de l'histoire, qui seule peut instruire les princes; il l'appelait la leçon des princes et l'école de la politique. « On y apprend, disait-il, aux enfants ce qu'on n'osait dire aux pères. » Il ne négligeait rien pour arriver à connaître les hommes; il travaillait à acquérir cette science du discernement, indispensable à un prince. Le Père Griffet fit, suivant ses ordres, un traité de la connaissance des hommes, mais l'observation silencieuse de la Cour était pour lui le meilleur moyen de s'éclairer sur ceux qu'il était appelé à gouverner. « Vous êtes heureux, disait-il à un ami, vous voyez des hommes; nous, nous ne voyons que des personnages de tapisserie. » Un but unique ramenait toutes ces études à un centre commun. Ce qu'il voulait, c'était apprendre à régner. Assurément la science du gouvernement ne s'apprend pas; on peut dire qu'elle naît avec l'homme; cependant l'éducation et le travail, là comme ailleurs, peuvent suppléer, au moins aider aux dons naturels. On ne peut affirmer que le Dauphin eût bien gouverné, car l'épreuve du pouvoir change quelquefois entièrement les hommes, mais ce qu'on peut dire, c'est qu'il n'épargna rien pour se préparer à sa tâche. Nous trouvons le jugement suivant dans les Mémoires du maréchal de Beauvau, qu'on ne peut soupçonner de partialité, puisqu'il était ami du parti philosophique et par conséquent ennemi des « dévots ». Nous le citons, quoiqu'on y retrouve les marques de l'esprit de parti par la malveillance qui y est témoignée aux premiers maîtres du prince. Il nous semble, au contraire, que leurs leçons ne furent pas si inutiles, puisqu'elles inspirèrent à leur élève un si vif amour de son pays et une foi si ferme, qu'il se crut obligé, en conscience, de travailler sans relâche à s'instruire.

« M. le Dauphin [1] avait reçu l'éducation que reçoivent les princes ; tous les préjugés qui rendent la dévotion dangereuse, surtout à ceux qui comman-

---

[1] *Mémoires du maréchal prince de Beauvau*, p. 182-183.

dent, et l'opinion que les autres hommes étaient nés pour lui obéir et que la volonté des rois ne doit point trouver de contradiction ; mais il avait beaucoup d'esprit et de sensibilité. Sans autre secours que celui qu'il tira de ces heureux dons de la nature, et malgré tant d'obstacles dont il était entouré, il refit seul son éducation ; il s'éclaira par la lecture. Les torts de son père, les fautes du gouvernement lui servirent à lui donner des principes qui paraissaient devoir être la base de sa conduite quand il serait devenu roi. Il aimait l'esprit et savait le reconnaître et le distinguer dans ceux qu'il approchait. »

Voici quelques extraits des idées du Dauphin sur le gouvernement. Le Père Griffet, qui avait eu entre les mains tous ses papiers, les a imprimés dans un recueil pour servir à la vie du Prince, qu'il écrivit par la suite. Ces courtes notes sur la monarchie sont loin de former un tout complet. Ce ne sont, à vrai dire, que des pensées détachées venues à l'esprit du Dauphin pendant le cours de ses études, mais elles sont intéressantes comme attestant le travail de son intelligence. Sans doute on n'y trouvera pas des idées profondes ou originales sur la constitution des États ; mais si l'on pense que celui qui a écrit ces réflexions était le fils de Louis XV, qu'on l'avait élevé dans l'idée que toute la France était pour ainsi dire contenue dans la personne du Roi, et que tout devait être sacrifié à son caprice et à ses plaisirs, on verra qu'il fallait que le Dauphin eût une nature morale élevée, je dirai même supérieure, pour se faire une aussi grande idée de la royauté et de ses devoirs.

Sans doute aussi, les pages qu'on va lire ne sont pas entièrement comparables aux projets de gouvernement que préparait, un demi-siècle auparavant, un autre Dauphin, le duc de Bourgogne, qui, lui aussi, ne regardait qu'en tremblant un trône où, comme notre héros, il ne devait jamais monter. Mais il n'est pas étonnant que l'élève du duc de Châtillon ne fût pas tout à fait l'égal de celui de Fénelon, et la différence des époques explique celle des deux esprits. Ce n'était plus le temps des Bossuet et des Corneille ; Louis XV avait remplacé Louis XIV, et le niveau intellectuel et moral de la société s'était bien abaissé. Enfin, dans ces notes, on ne trouvera pas sans étonnement quelques passages qui sont presque textuellement tirés de l'*Esprit des lois*, de Montesquieu : n'est-ce pas une preuve que, malgré son éloignement pour les maîtres de l'école philosophique qui régnait alors, le Dauphin avait assez de liberté d'esprit pour les étudier sans prévention et y puiser ce qu'il croyait utile au bien de la France ? On remarquera aussi le sens profond et délicat qui préside à ses réflexions sur les rapports de l'Église et de l'État. Son langage sur ces matières si complexes est celui d'un esprit ferme, à qui la sincérité de sa foi ne fait pas oublier les droits légitimes du pouvoir royal.

« Un prince, dit-il, n'existe dans le monde que par son autorité ; ne point connaître cette autorité, ou ne la connaître que superficiellement, c'est pour un prince ne connaître ni la nature ni la propriété de son être, c'est s'ignorer soi-même, c'est monter dans de profondes ténèbres, sans lumière et sans guide. Ce principe est si clair et si certain qu'il n'a besoin ni d'explication ni de preuve.

« L'ignorance produit presque autant de tyrans dans les monarchies que l'ambition dans les républiques. Il est rare qu'un prince forme le dessein de réduire ses sujets en servitude, et l'humanité s'y oppose, son intérêt l'en détourne. L'ignorance l'y conduit. L'ignorance d'un privilége qu'il ne connaît pas, ou dont il ne connaît pas les justes fondements, excite les murmures, les plaintes, la résistance même. L'autorité compromise demande qu'on la soutienne, les moyens les plus violents deviennent nécessaires. »

« Le gouvernement monarchique[1] a un grand avantage sur le despotique. Comme il est de sa nature qu'il y ait sous les princes plusieurs ordres inférieurs qui servent à la constitution, l'État en est plus fixe et la constitution plus inébranlable. »

« Dans le despotique[2], le peuple une fois soulevé porte toujours les choses aussi loin qu'elles peuvent aller. Dans le monarchique, il ne saurait aller si loin : les chefs craignent pour eux-mêmes, les puissances intermédiaires ne veulent pas que

---

[1] *Esprit des lois,* liv. I, ch. xi.
[2] *Ibid.,* liv. V, ch. xi.

le peuple prenne trop le dessus. Il est rare que tous les ordres soient entièrement corrompus. Le prince tient à ses ordres, et les séditieux, perdant l'espérance de renverser l'État, ne peuvent ni ne veulent renverser le prince ; aussi nos histoires sont-elles pleines de guerres civiles sans révolutions, tandis que celles des États despotiques sont pleines de révolutions sans guerres civiles. »

*
*   *

« L'excès dans les récompenses [1] est pour la monarchie un signe de décadence, parce qu'il prouve que les principes sont corrompus et l'honneur affaibli. Les tyrans de Rome faisaient des dons immenses ; ceux des empereurs que l'on regardait comme les pères de la patrie en étaient économes ; c'est que sous ces derniers l'État reprenait ses principes, et que le trésor de l'honneur suppléait aux vertus. »

[1] *Esprit des lois,* liv. V, ch. XVIII.

Les questions [1] qui suivent méritent attention.

« L'État doit-il forcer un citoyen d'accepter les emplois publics ? Il le doit dans la république, mais non dans la monarchie, parce que les emplois sont des témoignages d'honneur et que la bizarrerie de l'honneur consiste à ne les accepter que quand et comme il veut. »

*
* *

« Dans les fonctions militaires, doit-on obliger un aîné à servir sous son cadet? Oui encore dans les républiques, mais non dans les monarchies, parce que l'honneur vrai et faux ne saurait souffrir ce qu'on appelle se dégrader. »

« Dans quel gouvernement faut-il établir des censeurs? Dans les républiques, car l'honneur n'en connaît point d'autres que lui-même. »

*
* *

« Un monarque, image de la Divinité sur la terre, doit la prendre pour son modèle dans l'u-

1 Liv. V, ch. xix.

sage de sa puissance ; elle propose aux hommes la plus grande récompense et les punitions les plus sévères ; immuable comme elle dans l'ordre admirable qu'elle a établi dans l'univers, le monarque doit se soumettre aux lois, quoiqu'il en soit le principal maître. »

* * *

« L'État monarchique [1] est gouverné par un seul, mais les pouvoirs intermédiaires et subordonnés y sont nécessaires. Le premier et le plus naturel est celui de la noblesse, non pour être le terme entre le pouvoir du prince et celui du peuple, mais pour être le lien de tous les deux. Le pouvoir du clergé y est très-convenable : il sert de bornes au despotisme sans y opposer de résistance. Il faut encore, dans la monarchie, un corps dépositaire des lois ; le conseil du prince ne saurait l'être seul, parce qu'il n'est pas assez fixe ni assez nombreux. »

[1] Liv. II, ch. IV.

« J'avoue que de toutes les matières qui concernent les devoirs d'un souverain, celle-ci (les rapports de l'Église et de l'État) est sans doute la plus délicate. Dans quel excès un prince ne peut-il pas être entraîné par un zèle mal entendu? Laisser les ministres de l'Église empiéter sur les droits de la puissance temporelle, n'est-ce pas introduire l'anarchie dans l'État, l'ambition dans le sanctuaire? Juger les décisions de ceux qui sont les dépositaires de la foi, se rendre maître absolu de la discipline et du culte, n'est-ce pas entreprendre sur cette autorité que Jésus-Christ a confiée aux premiers des pasteurs, et qu'il a si bien distinguée de celle qu'il leur a ordonné de respecter dans la personne des empereurs? On sent aisément que ces deux puissances n'ont ni le même fondement, ni le même objet, ni la même fin ; mais distinguer exactement ce qui est du ressort de l'une et de l'autre ; mais déterminer clairement leurs limites, de sorte qu'il ne s'élève plus entre elles aucune contestation, voilà en quoi l'on peut dire que personne n'a réussi jusqu'à présent. L'ambition s'étant également efforcée des deux côtés d'augmenter son pouvoir en obscurcissant les idées, ce qu'on peut dire en général, c'est que deux choses sont indispensables pour le maintien du corps politique : l'une, que l'autorité du souverain qui gouverne ait un tel empire sur ses sujets que nul ne puisse s'y soustraire impunément, tandis que tous les sujets concourent par leur bien au bien de l'utilité du corps politique. »

« Dans une monarchie [1], l'honneur peut suppléer en quelque sorte à la vertu, à l'amour de la patrie, et néanmoins opérer des miracles. On trouve souvent des monarques vertueux, mais il est bien difficile que le peuple tout entier d'une monarchie le soit. On connaît de tout temps le caractère des courtisans, leurs vues se communiquent aux degrés inférieurs ; néanmoins l'honneur y produit en abondance de bons citoyens, et l'ambition, pernicieuse dans une république, donne la vie à une monarchie, l'honneur y met en mouvement toutes les portes du corps politique,

---

[1] Liv. III, ch. v, vi, x.

l'honneur, faux en lui-même, mais utile au public. N'est-ce pas beaucoup d'obliger les hommes à faire des actions difficiles sans autre récompense que le bruit de ces actions? »

« Dans les monarchies [1], l'éducation ne se fait point pendant les années de l'enfance; c'est lorsqu'on entre dans le monde qu'elle commence; c'est là qu'on apprend les lois de l'honneur et que l'on entend dire qu'il faut mettre dans les vertus une certaine noblesse, dans les mœurs une certaine franchise, et dans les rapports une certaine politesse; les vertus que l'on y montre ne sont pas tant ce qui nous appelle vers nos concitoyens que ce qui nous en distingue. Dès que l'honneur peut trouver dans les actions quelque chose de noble, il est ou le juge qui les rend légitimes, ou le sophiste qui les justifie; il ne défend l'adulation que lorsqu'elle est séparée d'une grande fortune; il permet la ruse lorsqu'elle est jointe à l'idée de la grandeur de l'esprit ou des affaires, et la galanterie lorsqu'elle est jointe à l'idée de sen-

[1] Liv. IV, ch. ii.

timent ou à celle de conquête. Voilà pourquoi les mœurs ne sauraient être, à parler en général, aussi pures que dans une république. »

* * *

« C'est un grand ressort [1] entre les mains des monarques que les lettres de grâce. Ce pouvoir exercé avec sagesse peut avoir d'admirables effets. La clémence doit être une de leurs principales vertus; comme leurs sujets sont conduits par l'honneur, la disgrâce sert de peine et les formalités seules du jugement sont des punitions. Les grands dans ce gouvernement ne sont fort punis par la perte souvent imaginaire de la faveur, que la rigueur à leur égard est inutile. Mais, dira-t-on, quand faut-il punir? quand faut-il pardonner?

« C'est une chose qui se peut mieux sentir qu'elle ne se peut écrire. Quand la clémence a des dangers, ces dangers sont très-visibles, et on la distingue aisément de cette faiblesse qui mènerait le

[1] Liv. VI, ch. xvi.

prince au mépris et à l'impuissance même de punir. Un monarque juste, équitable et bienfaisant ne saurait croire combien on est porté à l'aimer : les malheurs même qui viendraient de sa faute seraient souvent rejetés sur d'autres. Ah ! si le prince savait cela, dit le peuple, preuve de la confiance naturelle qu'il a en lui. »

*
*   *

« La promptitude de l'exécution est un des grands avantages de ce gouvernement; mais, de crainte qu'elle ne dégénère en rapidité, il est bon que les lois y mettent une certaine lenteur.

« Éviter les guerres sans les craindre, les soutenir sans les aimer, s'abandonner au péril où les autres se précipitent, verser son sang avec courage et ménager avec scrupule celui des peuples, c'est le devoir d'un souverain [1].

« Les hommes nés [2] pour vivre ensemble sont aussi nés pour se plaire; il semble que ce devrait

[1] Liv. VI, ch. VIII.
[2] Liv. IV, ch. II.

être là l'origine de la politesse ; mais non, elle naît de l'envie de se distinguer ; c'est l'orgueil qui la produit ; son centre est à la cour. Ce lieu, par l'abondance des superfluités, fait naître la délicatesse dans le goût, et ce qu'on appelle politesse noble et aisée. C'est ainsi que l'honneur mit la dernière main à l'éducation d'un homme fait pour vivre dans une monarchie. Cet honneur bizarre assure et restreint l'obéissance au monarque ; il l'assure s'il s'agit de lui sacrifier ses biens et sa vie ; il la restreint si le monarque demande des choses où l'honneur soit intéressé ; ses règles sont regardées comme la suprême loi. En voici quelques-unes : que l'on peut bien faire cas de sa fortune, mais non de sa vie ; qu'une fois placé dans un rang, on ne doit rien faire ni souffrir qui laisse entrevoir que l'on se tient inférieur à ce rang ; que les choses que l'honneur défend sont d'autant plus rigoureusement proscrites que les lois ne concourent pas à les proscrire. »

« Il y a plusieurs sortes de crimes qu'on peut commettre dans les offices militaires : 1° la trahison ; 2° révéler aux ennemis le secret d'une entreprise ; 3° déserter aux ennemis; 4° violer la discipline militaire en points essentiels. Tous ces crimes comportent peine de mort. La lâcheté et la poltronnerie, quoique moins criminelles, peuvent être sujettes à la même punition, les conséquences en étant aussi funestes quelquefois que celles de la trahison. »

« Quelques États ont poussé la rigueur jusqu'à punir les mauvais succès; mais c'est une barbarie inutile et aussi dangereuse qu'elle est contre le droit des gens. Enfin, le dernier crime, qu'à bien juste titre les capitaines payent de leur tête, c'est de détourner à leur profit, par avarice, la paye et la nourriture du soldat. »

*
*   *

« Les rois doivent être infiniment réservés à accorder à des particuliers des exemptions de tailles et subsides, qui diminuent le revenu de l'État et font retomber sur le pauvre peuple tout le poids dont la faveur soulage un petit nombre ; il y a déjà, par toutes sortes de charges et d'emplois, un si grand nombre d'exempts, que l'augmenter serait véritablement une injustice odieuse ; les exemptions sont souvent plus contraires à l'humanité que les impôts mêmes. »

« Je n'ai jamais été ébloui par l'éclat du trône auquel ma naissance m'appelait, parce que je ne l'ai jamais envisagé que du côté des devoirs redoutables qui l'accompagnent et des périls qui l'environnent. »

« Ne point connaître l'origine, l'étendue et les bornes de son autorité, c'est pour un prince ne connaître ni la nature ni les propriétés de son être. »

« Les rois sont nés les conservateurs et non les destructeurs des priviléges et des différents corps de l'État. »

« Si les rois n'ont point de juges, ils ne doivent jamais oublier qu'ils en ont un dans le ciel, qui juge également les rois et les peuples. Nous devons écouter en frère et décider en maître.

Le monarque n'est que l'économe des revenus de l'État. Les peuples ne doivent jamais connaître les bornes de l'autorité, et le prince doit les avoir toujours présentes à ses yeux. »

« Toute imposition sur les peuples est injuste lorsque le bien général de la société ne l'exige pas. »

« Un chrétien ne doit point avoir de maîtresse ni les rois de favoris. Un prince qui déclare la guerre pour sa gloire personnelle est un monstre également en horreur à Dieu et aux hommes, mais un roi digne de l'être l'évite sans la craindre, la soutient avec courage. »

« Le secret du prince doit demeurer dans son cœur. Un État doit périr nécessairement lorsque les revenus n'en sont pas administrés avec la plus exacte et la plus prudente économie. »

*　*　*

« La royauté est une suprème et perpétuelle puissance déférée à un seul, qui lui donne le droit de commander absolument, et qui est d'autant plus favorable qu'elle n'a pour but que le repos et l'utilité publique; on peut dire encore qu'elle n'est autre chose que le soin du salut d'autrui; elle exige la vigilance d'un pasteur et la tendresse d'un père; son devoir est de sacrifier ses intérêts, ses plaisirs; de se dérober enfin à soi-même pour se donner entièrement au public. La France est celui de tous les empires qui a eu le plus de souverains dignes de commander; aucun tyran ne se trouve parmi ses rois, et ceux même qui ont employé les moyens les plus durs paraissent y avoir été forcés par la nécessité; aussi nul empire n'a reçu du ciel plus de bénédictions, et elles ne seront pas suspendues tant que nos rois continueront à faire le bonheur de leurs peuples. »

« La succession dans une même famille a été condamnée par bien des auteurs. Ils soutiennent qu'il est insensé d'accepter pour maître celui que le hasard et la naissance déterminent, et que l'élection est la seule voie par laquelle on puisse se flatter d'avoir des princes dignes de régner. Cette objection est aisément réfutée par les divisions, les guerres et les malheurs sans nombre qu'entraînent après elles les élections. Il est plus sûr de recevoir un roi de la main de Dieu, tel qu'il lui plaît, que de s'exposer à l'anarchie des interrègnes et aux cabales des élections. D'autres auteurs soutiennent que du moins, dans la famille régnante, on doit laisser la liberté au roi ou au peuple de choisir le plus digne pour successeur. Ils se fondent sur des exemples de l'Écriture sainte, mais qui, n'étant arrivés que par une révélation expresse, ne peuvent faire loi pour les autres peuples. Les suites en seraient aussi à craindre que les électeurs. L'ambition n'est que plus furieuse entre les frères. Charles V fixa la majorité des rois à quatorze ans, parce que l'on doit présumer qu'un prince reçoit par le sang une grandeur d'âme que l'importance des affaires, l'excellence de l'éducation et la miséricorde de Dieu, qui protége en eux son image, font développer plus promptement que dans les autres hommes. Mais, ce qui détermina entièrement ce roi, ce furent les troubles presque inévitables des minorités, et l'ambition des régents, dont

quelques-uns avaient voulu prendre le titre de
Roi, et gouverner en leur propre nom. Il établit
ensuite l'individualité de la puissance suprême
dans la personne du Roi, et, à cette occasion, il
explique les priviléges particuliers des Reines
et des Enfants de France. L'héritier présomptif
et nécessaire de la couronne prend la qualité
de premier fils de France et de Dauphin de Vien-
nois, mettant celle de premier fils de France
la première, ce qui ne doit pas paraître étrange,
puisqu'elle a été préférée à celle de Roi par
des cadets, Rois de Navarre, qui ne mettaient
leur titre de roi de Navarre qu'après celui de Fils
de France. Les terres du domaine dont ils jouis-
sent ne leur sont plus données qu'à titre d'apa-
nage et non de royaume comme autrefois, et avec
clause de réversion à la couronne, en cas d'extinc-
tion de leur race masculine : on observe encore de
leur donner, par préférence, celles qui sont
dans le centre du royaume et dépourvues de
places fortes, afin de les maintenir dans la dépendance. »

« On demande si les Enfants de France sont

soluti legibus. Quelques auteurs soutiennent l'affirmation, mais la plupart de nos docteurs sont de l'opinion contraire, et ils déclarent qu'il n'y a que la personne seule du Roi qui ne soit pas sujette à la rigueur des lois; il est vrai qu'on la modérait en faveur des Enfants de France et même à l'égard des princes du sang. Malgré cette dépendance, il est convenable que les rois fassent entrer dans leurs conseils leurs frères et leurs enfants; ils en seront plus zélés pour l'intérêt de l'État, mais c'est une grâce qu'ils doivent recevoir avec reconnaissance, et dont ils doivent se voir privés sans murmurer. »

*   *
*

« L'autorité que le Roi a dans les matières ecclésiastiques ne peut être fondée sur son sacerdoce qu'il n'a point; c'est son titre de Roi qui l'a revêtu de cette autorité très-indépendante de la cérémonie de son sacre qui, encore une fois, n'ajoute rien à son pouvoir. »

« Au commencement, nos rois ne donnaient les

offices de judicature qu'en forme de commissions annuelles; ensuite, ils les considérèrent à titre d'office, mais sans limite de temps, et révocables à leur volonté; enfin, ils ordonnèrent que personne ne perdrait sa charge qu'en cas de mort, de résignation ou de forfaiture, et ce fut Louis XI qui, le premier, fit ce règlement. Durant quelques siècles on élisait les officiers de justice à la pluralité des voix, et, sur trois sujets que l'on présentait, le Roi choisissait celui qu'il jugeait à propos; mais depuis, les rois s'étant persuadés que la brigue se mêlait de ces élections et qu'elles faisaient une diminution à leur puissance, ils les défendirent et voulurent que la création des officiers de justice dépendît absolument de leur volonté. Les défenseurs de la vénalité des charges ont dit, pour la justifier, qu'elle est autorisée par l'exemple des Romains; que les offices faisant partie des fruits et des revenus du domaine, le Roi peut bien les donner, les vendre et les multiplier quand il voudra; qu'elle est un sûr garant de la fidélité des officiers, dont les charges font une grande partie du bien, et qu'assurant leur possession aux gens riches, ils en seront moins sujets à se laisser corrompre par des présents. Ceux qui attaquent la vénalité disent, au contraire, que par elle le mérite peut être écarté ; le prince a le choix moins libre des sujets ; le juge, épuisé par l'état de sa charge, peut être tenté de se faire payer par les parties, et de favoriser les délais et la multiplication des procédures. »

* * *

« Je ne puis finir cet ouvrage sans faire ressouvenir les rois eux-mêmes de la dépendance où ils sont du Roi des rois. Plus ils sont élevés et puissants, plus le juste Juge leur demande un compte exact du pouvoir qu'il leur a confié. L'éclat de la couronne et l'élévation du trône enivrent souvent les âmes les mieux nées..... Que les exemples frappants de vengeance que le Ciel exerce contre les conquérants, la terreur du monde, et les tyrans de leurs propres sujets, soient toujours présents à leurs yeux. Qu'ils songent qu'ils ne commandent que pour faire la félicité, la gloire et le repos de leurs peuples ; que tout autre motif de leurs démarches est un crime aux yeux du souverain Maître, et que c'est dans sa balance redoutable que leurs actions seront pesées pour recevoir une récompense d'autant plus abondante, ou des châtiments d'autant plus terribles, que c'est pour cette seule fin qu'ils ont été élevés au-dessus des autres mortels. »

** * **

Voici enfin le plan d'un ouvrage formé par le Dauphin et qui comprend toutes les matières du gouvernement. Désireux de tout savoir, et craignant, dans l'anxiété de son zèle, de laisser quelque point important, il traça le dessin d'une espèce d'encyclopédie gouvernementale. Il y travaillait lorsque la mort le surprit.

Première partie. — Religion, conseils, justice, tribunaux.

Deuxième partie. — Finances, perceptions des deniers, nécessité des impôts, guerres, subsides, paix, marine, cour, récompenses, liberté, avance, amas.

Troisième partie. — Police, commerce, abondances, priviléges, sévérité, indulgence, représentations, favoris, plaisirs, liberté, société.

Non content de cela, il s'était appliqué à faire de sa main un volumineux traité extrait de l'ouvrage de Lebret sur la souveraineté des rois. C'est de ces réflexions qu'ont été tirées les pensées citées plus haut. Ce cahier, tout entier écrit de sa main, était divisé en quatre parties. La première contenait ses idées sur le pouvoir royal; il s'occupait de la magistrature, des emplois de finances et de la guerre; dans la seconde, des revenus de l'État; dans la troisième et dans la quatrième, du droit de vie et de mort des souverains.

Nous nous sommes un peu étendu sur ces courts récits du Dauphin parce qu'ils nous ont semblé dignes d'intérêt, et qu'ils jettent une vive lumière sur la passion du bien public qui l'animait.

Comme on le voit, sans céder à l'entraînement d'innovation qui s'emparait déjà de la France, le Dauphin sentait le besoin d'une réforme, il cherchait quelque part un frein au pouvoir trop ébranlé de la royauté. Ce tempérament du pouvoir royal, il le demande aux corps intermédiaires dont il voudrait respecter ou plutôt rétablir les droits. L'idée de la monarchie constitutionnelle comme nous l'avons connue ne pouvait naître dans son esprit façonné dès l'enfance au pouvoir absolu de la royauté; mais l'effrayante responsabilité qui retombe sur un souverain absolu lui semblait bien lourde pour des épaules humaines. Travaillant à se rendre bien compte de l'état de la France, il avait conçu un sentiment juste du péril qui naissait pour la royauté elle-même de l'abaissement et de la confusion de toutes les institutions politiques de l'ancienne France. Aussi, lorsque, dans les premières années de Louis XVI, un de ceux qui avaient approché du Dauphin conçut l'idée de réunir en un volume ces notes éparses, il put dire avec vérité en les présentant à la France : « On aperçoit le but que le

Dauphin s'était proposé dans ce travail : c'était de faire connaître aux princes que le gouvernement ne peut jamais être arbitraire parce qu'il est essentiellement assujetti à des lois que les hommes n'ont point faites ; c'était de prouver que toute puissance, quel que soit l'agent qui l'exerce, a, dans sa nature et dans sa destination, ses bornes et sa règle. »

Il insiste à plusieurs reprises sur la nécessité de maintenir les pouvoirs intermédiaires, et le besoin de voir l'État mieux réglé, les pouvoirs de chacun mieux définis, semble toujours le guider dans ses recherches. L'état déplorable des finances désolait le Dauphin, et il n'eût rien épargné pour y remettre l'ordre et y ramener l'abondance. On a vu plus haut qu'il avait soutenu Machault dans les essais infructueux que ce ministre fit pour combler le déficit du Trésor. Une fois persuadé de l'efficacité d'un plan de réforme financier, rien ne le lui aurait fait abandonner, et certes il se fût montré plus ferme que son fils s'il eût eu Turgot comme ministre. L'ordre et l'économie lui semblaient les premiers remèdes ; il s'efforçait de les faire régner autour de lui. Son orgueil de prince souffrait de l'irrégularité avec laquelle on soldait les dépenses de la cour. « M. le duc de Nivernais, raconte Collé dans son Journal, m'a dit que dans le temps que M. Bertin était contrôleur général, il envoya chercher le ministre pour lui recommander de payer des à-compte sur les gages aux bas officiers de son père, qui mouraient de faim, et lui dit : « Eh, Monsieur, prenez l'argent qui m'est des- « tiné. » Cet amour de l'ordre et de l'économie, joint à cette générosité que nous avons déjà plu- sieurs fois signalée dans le Dauphin, ne témoi- gne-t-il pas de l'ardeur qu'il eût mis à ramener l'abondance dans les finances de son pays?

Et il fallait que ce caractère des idées du Dau- phin sur les limites imposées à l'exercice du pouvoir royal fût bien évident pour tous, pour qu'encore après sa mort le duc de la Vauguyon, esprit étroit et personnage peu considéré, se crût obligé d'adresser, en son nom, à Louis XVI, dont il était gouverneur, des conseils sages et modérés, dans des instructions manuscrites autrefois con- servées à la Bibliothèque du Louvre. Voici, par exemple, ce qu'il dit de l'autorité royale sur les matières religieuses :

« Ce ne sont pas les roys qui sont chargés du salut de leurs peuples; il a confié à son Église le dépôt de sa révélation; les souverains n'ont d'autres devoirs à cet égard que de la laisser faire et de ne gêner ni l'exercice de son ministère spirituel ni l'obéissance légitime que lui doivent les chrétiens; mais ils doivent écarter de la société à laquelle ils président tout ce qui peut y jeter des semences de haine et de discorde. Tout ce qui est, dans cette société, extérieur et visible, a nécessairement, avec l'ordre civil et le bien-être temporel, des rapports qui sont sous la garde du prince, qui doit veiller à ce qu'on ne puisse introduire des abus préjudiciables à son autorité ou à la sûreté de ses sujets. Le prince ne peut pas forcer ses sujets à embrasser la religion qui lui paraît la meilleure; car, embrasser la religion, c'est la croire d'abord et ensuite la pratiquer librement : or la mission d'un roy n'est pas d'obliger ses sujets à croire, l'autorité ne peut rien sur la foi..... Il laisse à tous les sujets la liberté qu'ils ont comme citoyens; il ne leur ôte pas celle qu'ils ont, comme hommes, de croire et de penser tout ce qu'il leur plaît. Mais il les oblige de respecter le culte qui est devenu l'une des lois de son royaume, et leur défend d'introduire dans ses États ni des rites étrangers ni une hiérarchie différente de celle que les lois protégent. Ne persécutez jamais ceux qui ne croient pas, mais punissez et condamnez ceux qui blasphèment. »

« Soyez instruit, faisait écrire le Dauphin [1] à son fils dans des instructions qu'il lui destinait, des droits de l'Église et de la puissance spirituelle. N'y donnez jamais atteinte; souvenez-vous de ne jamais aller au-delà de votre autorité, mais en même temps de ne jamais souffrir impunément les entreprises qui pourraient tendre à la restreindre, vous rappelant toujours cette maxime, que les princes doivent tellement user de leur autorité que leurs sujets se plaisent à en ignorer les bornes. »

On voit, par ces réflexions, que la foi vive du

[1] *Vie du Dauphin,* par M. DE L'ÉPINOIS, p. 182.

Dauphin était bien loin de l'empêcher de se rendre compte des changements qui se produisaient graduellement dans l'état social de la France. Il était cependant trop de son temps pour ne pas défendre ce qui formait alors l'unité religieuse de la France, et il s'opposa une fois vivement au plan de permettre l'exercice du culte réformé dans certaines villes moyennant 80 millions, ce qui eût été, en effet, un singulier marché. Ceci dit, il règne dans ce que nous venons de lire un si véritable amour du bien public, qu'on se plaît à s'imaginer qu'il eût pu exercer une véritable influence sur son temps s'il eût été à même de le faire. On peut juger de la conduite qu'il eût tenue en face des réformateurs qui devaient si vite devenir des révolutionnaires, par ces belles paroles qu'il faisait adresser à son fils dans les instructions déjà citées : « Corrigez, à mesure que l'occasion s'en présentera, ce que vous trouverez de défectueux dans les anciennes et les nouvelles ordonnances, mais n'y changez rien, non plus que dans les anciens usages, qu'après la plus profonde réflexion et l'examen le plus scrupuleux. »

Nous nous garderons de trop méditer sur ces espérances que pouvaient donner à la France l'intelligence et la conscience éclairée du Dauphin. Il n'a pas régné ; il n'a pu mettre à profit ses réflexions patientes, ni à exécution ses idées généreuses. Il est possible, probable même, si l'on veut, que les circonstances eussent été plus fortes que sa volonté, et que le flot déchaîné de la révolution l'eût emporté comme son fils. Mais rien ne se perd absolument en ce monde de ce qui est bon ; l'exemple et l'enseignement du bien demeurent, même quand le but lui-même n'a pas été atteint. Et quel meilleur exemple, quel plus noble enseignement que le spectacle de ce jeune homme travaillant dans l'ombre et se consumant dans l'ardeur d'une bonne volonté impuissante? Peut-être était-il destiné par la Providence à servir de lien entre l'ancien état et l'état moderne de la France, et peut-être les fautes de Louis XV et la corruption de la société reçurent-elles leur juste punition dans la fin prématurée de ce noble caractère.

CHAPITRE V

Maladie du Dauphin. — Triomphe de la seconde Dauphine.
— Vie de famille. — Amis du Dauphin. — Accident à la
chasse.

Au mois d'août 1752, le Dauphin, qui était
resté seul à Versailles, pendant un voyage du Roi
à Compiègne, fut subitement atteint de la petite
vérole. Toute la cour revint à Versailles ; ce mal,
qui d'abord n'avait inspiré que de légères inquiétudes, s'aggrava bientôt et devint si violent qu'on
désespéra complétement de la vie du malade. Le
Dauphin avait toujours témoigné une grande
crainte de cette maladie funeste ; aussi lui en
cacha-t-on la nature avec le plus grand soin, ce
qui n'était pas toujours chose facile, car il pressait de questions tous ceux qui le soignaient. Cette
maladie du Dauphin, encore si jeune et père alors
seulement d'un enfant âgé d'un an, inquiéta
vivement la cour. Le pays et le Roi lui-même

témoignèrent une vraie sensibilité. Mais la Dauphine surpassa tout le monde par les soins tendres et passionnés qn'elle prodigua à son mari. Elle ne quittait pas sa chambre, ne prenait pour elle-même aucune précaution contre la contagion. Elle seule donnait à son mari les médicaments, l'arrangeait dans son lit. Dans son anxiété pour lui cacher le secret de sa maladie, elle alla jusqu'à inventer de faire imprimer une gazette fausse où l'on parlait de la maladie du Dauphin[1] comme d'une éruption ordinaire. Elle était si simple et si tranquille dans ses fonctions de garde-malade, qu'un médecin qui ne la connaissait pas demanda quelle était cette petite jeune femme qui se donnait tant de mouvement dans la chambre. Quand on lui eut dit que c'était la Dauphine : « Oh bien ! s'écria-t-il, que je voie encore nos petites dames de Paris faire les précieuses et craindre d'entrer dans la chambre de leurs maris quand ils sont malades, je les enverrai à cette école. » Après quelques jours de vives alarmes, la forte consti-

---

[1] Luynes, août 1752.

tution du Dauphin reprit le dessus, et il entra en convalescence. Cette guérison causa une joie aussi vive que la crainte avait été grande. A Paris même la joie publique fut sincère.

« M. le Prévost des marchands[1] et le corps de la ville ont commencé ce samedi 15 une neuvaine à Sainte-Geneviève, où ils vont tous les matins, car on a beau faire, le fond de la religion reprend toujours le dessus. Dans les calamités, on a recours aux églises, aux prêtres ; aussi il n'est plus question de toutes ces disputes (disputes du clergé et des jansénistes). Le Parlement a interrompu ses assemblées et ses poursuites. Apparemment que le clergé a donné aussi des ordres pour agir plus modérément, mais après la guérison il y aura des *Te Deum* : il faudra nécessairement des mandements tant à Paris que dans les diocèses ; cela sera curieux. » Cette remarque ne fait-elle pas prendre sur le fait cet esprit léger des Parisiens du dix-huitième siècle, toujours empressés de saisir une occasion de dis-

---

[1] BARBIER, août 1752.

pute à propos de tout, religion, littérature et politique?

« Tout le monde est charmé de madame la Dauphine, qui n'a pas encore quitté un moment M. le Dauphin, lequel ne prend ni bouillon ni autre chose que de sa main. Quand on lui représenta d'abord le danger auquel elle s'exposait, elle répondit qu'on ne manquerait pas de Dauphines, mais qu'il n'y avait qu'un Dauphin. Elle a banni toute cérémonie à son égard; elle a dit aux médecins et autres qui sont là : « Ne prenez pas « garde à moi, je ne suis plus Dauphine, je suis « garde-malade. » Elle sera à juste titre bien considérée et bien chérie du Roi et de la Reine. » A la cour, les démonstrations ne pouvaient être moindres qu'à la ville, et madame de Pompadour elle-même dut s'y associer. Elle affectait toujours une sorte de respect affectueux pour les membres de la famille royale, qui nous semble peut-être un des traits les plus importants de son caractère. Afin de donner un témoignage public de ses sentiments, elle imagina de donner à Bellevue une fête somptueuse où l'on vit, dans un feu d'artifice, un Dauphin lumineux qui, après avoir lutté quelque temps contre des monstres enflammés, était définitivement vainqueur. Elle osa y inviter le Dauphin. « Une pareille fête serait capable de m'occasionner une rechute », dit vivement le Prince quand on lui parla d'y aller. Le Roi y assista et eut le courage d'y applaudir. On avait pris soin de la disposer de telle sorte qu'on ne pût apercevoir l'illumination de Paris. Ce ne fut pas tout ; madame de Pompadour grava de ses mains une gravure représentant la France rendant grâce à Esculape du rétablissement du Dauphin. Quand on montra cette gravure peu convenable et tout à fait païenne au Prince, il ne put s'empêcher de dire « que les actions de grâces de madame de Pompadour à Esculape ressemblaient à celles du Sultan s'il s'avisait d'en rendre au Dieu des chrétiens ». Il y avait, en effet, quelque chose de bien choquant dans cette démonstration de joie de madame de Pompadour, et il fallait que la société fût devenue bien difficile à scandaliser pour qu'une pareille conduite pût être tolérée et même approuvée, comme partant (suivant l'expression alors à la mode) « d'un cœur sensible ».

Si la cour et la ville célébrèrent la guérison du Dauphin, nul ne fut plus heureuse, plus ravie que la Dauphine. Elle ne voyait pas seulement son mari guéri de sa maladie, elle le voyait, si l'on peut ainsi parler, guéri du regret passionné de sa première femme. Profondément touché du dévouement absolu de Marie-Josèphe, le Dauphin ouvrit enfin tout à fait son cœur à cette seconde affection conjugale; depuis ce moment, il donna toute sa tendresse à celle qui venait de lui témoigner tant d'amour. Le souvenir de sa première femme ne s'effaça cependant pas entièrement de son cœur, la seconde Dauphine ne l'eût-elle même pas voulu, mais le regret cessa d'y régner en maître, et Marie-Josèphe put jouir sans amertume d'un cœur qui avait été bien long à se rendre. Depuis lors pas un nuage ne vint troubler la félicité de ces jeunes époux. Uniquement occupés à élever leurs enfants dans le bien, n'ayant qu'un désir, celui de les rendre vertueux et dignes du rang qu'ils étaient appelés à occuper, le Dauphin et la Dauphine forment un spectacle touchant sur lequel l'œil s'arrête avec complaisance, au milieu des spectacles moins purs qu'offre souvent cette époque. On n'en était pas encore au moment où Rousseau mit à la mode le goût d'un bonheur domestique d'un aloi plus que douteux ; il me semble sans cela que ce ménage royal eût pu servir de modèle et d'exemple pour ces idylles, dont le public se montra si épris un peu plus tard. Il y aurait eu cependant une ombre qui l'eût gâté entièrement pour les philosophes sensibles qui vantaient l'état naturel de l'homme. Le Dauphin et sa femme étaient profondément chrétiens. Tous deux puisaient leur force, leur tranquille vertu dans une foi vive et ardente, qui leur apprenait à souffrir en paix l'obscurité où la volonté de Dieu les tenait.

La piété de ce jeune couple avait même quelque chose de courageux et de fier auquel la cour n'était plus habituée. La Reine, malgré ses vertus, peut-être à cause de son humilité même, avait plié sous le poids de l'autorité royale jusqu'à se laisser complétement effacer. Élevée à la cour du roi de Pologne, où de semblables scandales ne manquaient pas, Marie Leczinska avait en quelque sorte pris son parti des désordres du Roi; elle ne songeait ni à s'en étonner ni à protester. Elle ne laissait entrevoir ni dans son langage, ni même dans son regard, le moindre reproche sur la conduite de son mari. Elle avait pour lui une sorte de respect absolu qui prenait sa source dans un dévouement passionné que son élévation subite avait fait naître dans son cœur. Elle ne pouvait oublier la distance que la naissance avait mise entre elle et le rang où le choix du Roi l'avait élevée. Elle aurait cru manquer de reconnaissance, si elle eût laissé échapper l'ombre d'un reproche. D'ailleurs, on n'était pas difficile à la cour sur les conditions de la paix domestique. Il y avait alors plus d'une famille qui vivait en paix dans les mêmes conditions que celles de la famille royale. Mais le Dauphin, sans sortir de la soumission que le respect filial lui imposait, laissait mieux percer ses sentiments. Un jour sa mère le pressait d'être au moins poli pour madame de Pompadour, afin de faire réussir quelque bonne entreprise. « Voulez-vous, maman [1]. dit-il, que je vous parle avec franchise ? l'idée seule de cette alliance me révolte. » — « Croyez-vous, mon fils, qu'elle doive me révolter moins que vous ? Mais il faut se vaincre pour la gloire de Dieu. » — « La gloire de Dieu, ah ! si j'étais le maître, je voudrais la procurer par un exemple qui effrayât, pendant des siècles, ceux qui seraient tentés de corrompre la vertu des rois. » Et effectivement, prêchant d'exemple autant qu'il était en lui, on le vit plusieurs fois, obligé par l'étiquette de prendre place à côté de la marquise, dans les carrosses du Roi, se détourner d'elle avec affectation et ne pas lui adresser la parole pendant toute la promenade.

Cette résolution de tenir rigueur à la compagnie habituelle du Roi ne permettait pas au Dauphin de fréquenter beaucoup les divertissements de la cour. Aussi, après les premiers jours de joie causés par son rétablissement, ne tarda-t-il pas à rentrer dans sa solitude. Cet isolement ne fut pourtant plus aussi profond qu'auparavant.

1 H. DE L'ÉPINOIS, p. 320.

A mesure qu'il avançait en âge et que la possibilité de le voir monter au trône paraissait plus prochaine, on voyait se grouper autour de lui, comme c'est l'ordinaire autour des héritiers présomptifs, tous ceux qui étaient sourdement hostiles à la politique dominante. C'étaient pour la plupart des gens honnêtes et scrupuleux, qu'effrayait soit la corruption des mœurs de la cour, soit le mouvement philosophique et irréligieux de l'esprit public. Quelques ambitieux trompés, impatients d'un changement qui les rapprochât du pouvoir, s'y mêlaient sans doute, comme il y en a dans toutes les oppositions; mais la plupart étaient hommes de bien, sincèrement repoussés par les vices et les erreurs dont ils voyaient l'empire autour d'eux. On les nomma le parti dévot, et un autre parti, le parti philosophique, les poursuivit de railleries amères. On peut se demander pourtant quels étaient les vrais philosophes, de ceux qui flattaient les vices du Roi pour mettre leurs systèmes novateurs sous sa protection, ou de ceux qui s'éloignaient volontiers de la faveur pour obéir aux scrupules de leur conscience. Il me semble que, quelques reproches qu'on puisse faire à certains membres de cette opposition religieuse, son rôle a été assez honorable pour que maintenant justice lui soit au moins rendue, et que les calomnies que les philosophes lui prodiguèrent soient tenues à leur juste valeur. Ne faut-il pas rendre un tardif hommage à ceux qui, dans un temps de relâchement général qui ôtait à bien des esprits l'idée même de la différence du bien et du mal, surent résister à l'opinion et garder intactes leurs croyances et leurs vertus? Le Dauphin trouvait dans ce parti qui le reconnaissait hautement pour son chef, non-seulement des adhérents politiques ou religieux, mais de véritables et dignes amis, comme les princes ont bien rarement la bonne fortune d'en rencontrer.

Tel fut, entre autres, le chevalier, depuis maréchal du Muy, celui de tous que le Dauphin préférait, et cette amitié lui fait honneur. M. du Muy était, en effet, au milieu du dix-huitième siècle, à la cour de Louis XV, un parfait honnête homme, dans l'acception si élevée qu'on donnait à ce mot au siècle précédent. Avec des mœurs d'une austérité comme on n'en voyait plus guère, il avait un esprit élevé et noble, et surtout une rare indépendance. Militaire distingué, il fut remarqué à Fontenoy, à Hastembeck et à Créfelt par sa bravoure et sa fermeté. S'il fut malheureux à la retraite de la Wartbourg en 1760, sa réputation militaire n'en ressentit point d'atteinte, grâce à son courage indomptable qui n'avait cédé que devant le nombre des ennemis. Sa vertu, son mérite, s'imposaient pour ainsi dire à chacun, et, chose aussi rare que significative, tous les mémoires du temps sont d'accord sur son compte ; tous n'ont qu'une voix sur lui, tous le représentent comme un modèle de vertu ; on l'appela le Montausier de la cour de Louis XV. Le Dauphin avait toujours eu pour lui une amitié qui fut aussi vive que durable. Entre le Prince et l'humble gentilhomme de bonne famille, mais sans crédit, se noua une de ces affections que rien ne put briser ni amoindrir, et qui sont, suivant la parole de l'Écriture, fortes comme la mort. Cette affection avait commencé dès sa première jeunesse; encore enfant, il écrivait sur le livre d'heures du chevalier cette oraison touchante : « Mon Dieu, protégez votre fidèle serviteur du Muy, afin que si vous m'obligez à porter le pesant fardeau de la couronne, il puisse me soutenir par sa vertu, ses leçons et ses exemples. » C'était pour le Dauphin un conseiller sûr et fidèle, qui l'encourageait, le soutenait dans sa position si délicate. Une âme aussi élevée et aussi pure ne put manquer d'avoir une grande influence sur le Dauphin. A ses derniers moments, il fit appeler M. du Muy, et, lui montrant son cœur, lui dit : « Vous n'êtes jamais sorti de ce cœur-là. » M. du Muy resta fidèle, lui aussi, à la mémoire de son ami. Bien qu'il ne dissimulât pas ses opinions, Louis XV l'aimait et l'estimait. En 1771, il lui offrit le ministère de la guerre, dans le ministère que forma le duc d'Aiguillon après avoir renversé le duc de Choiseul; mais il fallait rendre hommage à madame Dubarry, et M. du Muy refusa d'accepter une place qu'il fallait payer par le déshonneur. Ce refus fut contenu dans une lettre au Roi, que je ne puis résister à citer, quoiqu'elle soit bien postérieure à la date de ce recueil. Elle fait connaître quel homme était l'ami du Dauphin.

« Je n'ai jamais[1] eu l'honneur de vivre dans la société particulière de Votre Majesté, par conséquent je n'ai pas été dans le cas de me plier à beaucoup d'usages, que je regarde comme des devoirs pour ceux qui la forment. A mon âge, on ne change point de manière de vivre. Mon caractère inflexible transformerait bientôt en blâme et en haine ce cri favorable du public dont Votre Majesté a la bonté de s'apercevoir. On me ferait perdre ses bonnes grâces, et j'en serais inconsolable. Je la prie de choisir un sujet plus capable que moi. »

On ne pouvait pas dire plus fièrement qu'on ne voulait pas faire partie de la société particulière du Roi. Plus tard, quand le fils de son ami monta sur le trône, le maréchal du Muy n'eut plus les mêmes motifs pour se dérober au fardeau du pouvoir. Il l'accepta et fut un moment mi-

---

[1] *Biographie universelle* de MICHAUD.

nistre de la guerre. Mais il mourut bientôt des suites d'une opération douloureuse supportée avec une énergie digne d'un chrétien et d'un soldat. Pour conserver dans la mort même le souvenir auquel sa vie s'était consacrée, il désira être enterré aux pieds du Dauphin, dans la cathédrale de Sens, et fit graver sur son tombeau cette devise : « *Hucusque luctus meus.* » Voilà l'ami du Dauphin, le seul courtisan qui ait su trouver le chemin de son cœur. De combien de princes pourrait-on en dire autant ?

Après le chevalier du Muy, la société du Dauphin se composait surtout de l'évêque de Verdun, M. de Nicolaï, auquel il écrivait fort souvent ; de M. Boyer, l'ancien évêque de Mirepoix ; de l'abbé de Saint-Cyr, son ancien précepteur ; du duc de la Vauguyon et des membres d'une petite société qui entourait la Reine, où le duc et la duchesse de Luynes tenaient le premier rang. L'abbé de Broglie et ses neveux, le maréchal et le comte de Broglie faisaient également partie de cette société intime. La jeune veuve du comte de Gisors, sa mère, la duchesse de Nivernais, toutes deux

d'une haute piété, étaient admises aussi dans ce
petit cercle. Il faudrait également y placer le
président Hénault, qui apportait dans cette société choisie un esprit léger et superficiel, mais
plein de charme et de grâce. Il nous a laissé dans
ses Mémoires un portrait du Dauphin peut-être
embelli, mais qu'il faut citer parce que, peu porté
par nature comme il l'était à l'enthousiasme de
la vertu, on peut avoir confiance dans l'impar-
tialité de son jugement.

« Je dois dire qu'il y a fort peu de particuliers
dont la conversation soit aussi agréable que celle
de ce prince [1]. On ne peut pas être plus instruit; droit public, histoire, belles-lettres, tout
lui est présent. Connaissant ce que chaque livre
contient de bon, une mémoire admirable, une
critique fine, une plaisanterie hors du commun,
saisissant les ridicules, ce qu'il tient de la Reine,
et aussi peu réservé qu'elle, ne craignant point
de causer, en quoi il n'a pas grand mérite, car
il peut se laisser aborder sans crainte. Ce prince

---

[1] *Mémoires du président Hénault.*

a fait connaître l'étendue de ses lumières, la pénétration de son esprit, et surtout son éminente sagesse, lorsque le Roi lui fit occuper sa place dans son conseil. Après l'affreux coup dont il fut frappé, les ministres ne pouvaient se taire et sortaient des conseils remplis chaque jour d'admiration. »

Ainsi se forma par degré, autour du Dauphin et de sa vertueuse compagne, une société qui, malgré sa gravité, eut ses plaisirs et quelquefois ses intrigues. On y aimait beaucoup la musique; toutes les semaines il y avait concert soit chez la Reine, soit chez son fils. Les filles du Roi, encore jeunes et vives, animaient par leur gaieté cet intérieur, que la tristesse de la Reine avait assombri. Intimemement liées avec leur frère, elles cherchaient à oublier dans une vie douce et réglée la tristesse de leur sort, condamnées qu'elles étaient à ne jamais sortir de Versailles. Malgré la défiance qui régnait dans ce monde pieux contre la licence des lettres du jour, la littérature y tenait une grande place. A cette époque, d'où les lettres étaient-elles absentes?

Elles régnaient partout, même chez ceux qui protestaient contre leur empire. Si l'on combattait chez le Dauphin les doctrines nouvelles, on les étudiait au moins et on les discutait. Le Dauphin voulait tout lire pour tout apprendre. Ainsi, la lecture de l'*Émile* l'occupa beaucoup ; il écrivait les réflexions qu'il en retira dans la lettre suivante, adressée à l'évêque de Verdun ; elle ne manque ni de verve ni d'esprit.

« Versailles, 29 juin **1762**.

« Je ne sais [1] s'il vous sera tombé sous la main un livre nouveau de Jean-Jacques, intitulé *De l'Éducation*. C'est bien le livre le plus infernal qui ait été fait par les gens qui ont quelque teinture de philosophie. L'auteur renferme en 750 pages tout ce qu'il est possible de dire de plus fort pour prouver l'existence de Dieu, l'immatérialité de l'âme, la liberté de l'homme, et pour détruire toute espèce de révélation, la divinité de Jésus-

---

[1] *Choix de lettres* publiées à l'évêque de Verdun, à la Dauphine, etc., tirées des *Papiers de Nicolaï*.

Christ et l'évidence des miracles. D'après ce principe, il détruit tout culte extérieur, même la prière, et n'admet qu'une sorte de contemplation, où il veut que l'âme soit devant le Tout-Puissant. Il finit par exalter la morale de l'Évangile et la déclarer presque impossible, ainsi que tous nos mystères, qui impliquent, dit-il, contradiction, et qui, s'ils eussent dû être crus, eussent bien valu la peine que Dieu les eût, non pas expliqués, mais assurés plus positivement, et je crois à chaque homme en particulier, par une révélation indubitable. Jusque-là il faut s'en tenir à la religion naturelle. Il traite la matière sérieusement et mérite la peine qu'une aussi bonne plume que la sienne et plus savante le réfute méthodiquement ; cela ne sera pas difficile, car il est plein de contradictions. »

« J'ai étudié, écrivait-il ailleurs, les doctrines nouvelles ; j'ai passé de leurs principes à leurs conséquences. Ce que les passions se contentaient d'insinuer sur l'influence des nouvelles doctrines, nos philosophes l'enseignent : que tout est permis au prince quand il peut tout, et qu'il a rempli ses devoirs quand il a contenté ses désirs. Car si la loi de l'intérêt venait à être généralement adoptée au point de faire oublier la loi de Dieu, alors toutes les idées du juste et de l'injuste, de la vertu et du vice, du bien et du mal moral, seraient effacées et anéanties dans l'esprit des hommes, les trônes deviendraient chancelants et mobiles, les sujets seraient indociles et factieux, les maîtres sans bienséance et sans humanité, les peuples seraient donc toujours dans la révolte ou dans l'oppression [1]. » Ces jugements sont sévères, sans doute, mais cette pensée que les nouvelles doctrines devaient à la fin troubler la société jusque dans ses fondements, n'a été que justifiée depuis, et l'histoire de France, depuis quatre-vingts ans, a donné raison à ces tristes prévisions. « La révolte ou l'oppression », n'est-ce pas là, sauf quelques rares instants, les différentes phases qui se sont succédé et se succéderont peut-être encore longtemps sur notre sol natal?

Dans l'ardeur de ses recherches, il ne négligeait pas les littératures étrangères.

---

[1] *Vie du Dauphin,* par l'abbé PROYART.

« M. le Dauphin, dit le marquis d'Argenson, a lu le *Patriotisme* anglais de milord Bolingbroke et en parle avec estime. Cela est à noter sur les espérances que le trône donne aux peuples [1]. »

Le célèbre historien anglais Hume raconte, dans une lettre, la manière charmante dont le reçut la famille du Dauphin quand il lui fut présenté. « Me demandez-vous, cher Robertson, quel est mon train de vie? Voici tout ce que je puis vous en dire. Je ne me nourris que d'ambroisie, ne bois que du nectar, ne respire que de l'encens, ne marche que sur des fleurs. Tout homme que je rencontre, et encore plus toute femme, croirait manquer au plus indispensable des devoirs s'il ne m'adressait un long et élogieux discours à ma gloire. Ce qui m'arrriva la semaine dernière, où j'ai eu l'honneur d'être présenté aux enfants du Dauphin, est une des scènes les plus curieuses où je me sois encore trouvé. L'aîné de ces jeunes princes, le duc de Berry, un enfant de dix ans, s'arrêta droit devant moi et me dit combien j'a-

______
[1] LUYNES, mars 1745.

vais d'amis et d'admirateurs dans ce pays, ajoutant qu'il se mettait lui-même du nombre par le plaisir qu'il avait trouvé dans la lecture de beaucoup d'endroits de mon ouvrage. Quand il eut fini, son frère, le comte de Provence, de deux ans plus jeune que lui, prit la parole et me dit que j'avais été longtemps et impatiemment attendu en France, et que, pour son compte, il espérait un grand intérêt de la lecture de ma belle histoire. Mais, ce qui est le plus curieux, quand je fus devant le comte d'Artois, qui n'est âgé que de quatre ans, ce fut de l'entendre balbutier avec grâce quelques mots qui me parurent faire partie d'un compliment qu'on lui avait sans doute appris, et que l'enfant n'avait pas retenu en entier. On conjectura que cet honneur m'était rendu par l'ordre exprès du Dauphin qui, dans toute occasion, ne m'épargna pas les louanges [1]. »

Le Dauphin reconnaissait, comme son siècle, cette espèce de royauté qu'exerçaient les lettres à

---

[1] *Vie de Hume*, par Edward KITCHIE, p. 183. *Hume à Robertson*, 1ᵉʳ décembre 1743.

cette époque. A la vérité, il n'était pas toujours habile à exprimer sa satisfaction, et Marmontel raconte agréablement, dans ses Mémoires, l'histoire d'un certain souper où le Dauphin et la Dauphine lui avaient fait dire de venir, afin de pouvoir lui donner une preuve de l'estime qu'ils avaient pour lui. Il y vint, en effet, et, pendant tout le temps que dura le repas, il vit les deux personnages royaux se faire signes sur signes, puis partir sans avoir rien dit ni fait. Le lendemain, la même personne qui lui avait fait dire de venir lui raconta, de la part du Dauphin et de sa femme, qu'ils avaient été tous deux si intimidés, qu'ils n'avaient jamais osé lui faire un compliment.

Le goût du Dauphin pour les travaux de l'esprit s'étendait à tous les arts. Il s'occupait volontiers d'architecture et faisait des plans de construction que les connaisseurs appréciaient. Un jour, il fit admirer à quelqu'un le plan d'un superbe palais. Comme son interlocuteur s'extasiait sur la beauté de l'édifice projeté : « Bien, dit le Dauphin, je vois que vous avez du goût; mais vous ne voyez pas ce qu'il y a de mieux dans mon château, c'est qu'il ne sera jamais bâti et ne coûtera rien à personne. »

Une autre fois, M. de Marigny lui présenta Carle Vanloo, qui avait obtenu le titre de premier peintre du Roi. « Il l'est depuis longtemps », répliqua vivement le Dauphin. Citons, pour donner une idée complète de cette vie de l'intérieur royal, ce passage du président Hénault :

« J'avais l'honneur, dit-il, d'être au souper de madame la Dauphine, où il n'y a que les entrées. Ils étaient M. le Dauphin, madame la Dauphine, madame l'Infante et Madame, les princesses leurs sœurs mangeant chez elles. Madame la Dauphine nous demanda, à M. de Nivernais et à moi, si ces deux mots étaient français : *sagace* et *curiosine*. Nous répondîmes que nous connaissions *sagace*, que, pour *curiosine*, nous ne savions ce que c'était. Madame la Dauphine nous dit que cela voulait dire : exciter la curiosité. — C'est dommage, lui dis-je, que ce mot ne soit pas de notre langue, car il abrégerait.

« A quelques jours de là, madame de Malespine,

qui est à madame Infante et qui, par parenthèse, est d'une figure charmante, vint souper chez moi et me recommanda *curiosine* « de la part de ma-« dame la Dauphine ». J'écrivis sur-le-champ cette chanson sur une carte, dont je chargeai madame de Malespine :

Sur l'air de : Belot.

> Princesse sagace et divine,
> Voici ce qui curiosine
> Quand on vous entend et vous voit,
> C'est de savoir si l'on peut dire,
> Dans son transport ou de sang-froid,
> Que l'on aime plus qu'on admire.

« Étant, depuis, retourné souper chez madame la Dauphine, elle eut la bonté de me parler de mes vers. Madame Infante et Madame dirent qu'elles en voulaient aussi pour elles, et, le lendemain matin, j'allai au-devant de M. le Dauphin pour lui porter deux couplets, en le priant de s'en charger. Il me répondit que je n'étais pas trop bon pour les donner moi-même. Cependant il voulut bien les prendre, et les voici :

A MADAME INFANTE

Sur l'air : *J'aime! j'aime!*

Son esprit sait tout animer,
Un mot lui suffit pour charmer.
On l'aime,
On l'aime.
Qui vous la fait aimer?
La raison même.

A MADAME

Sur l'air : *Jeanneton, si l'amour même.*

Quelle est celle des trois Grâces
A qui tu dois le plus d'un cœur?
Chacun vient sur tes traces
Te prodiguer ses présents;
Et la nature,
De tes traits doux et charmants,
Fait sa parure[1].

Telle était la vie du Dauphin, paisible dans son obscurité, car il est singulier de voir à quel point il était peu connu, même de la cour.

C'est vers cette époque de tranquillité relative,

____

[1] *Mémoires du président Hénault.*

et pendant que le Dauphin trompait ainsi, par de sérieuses études et d'agréables passe-temps, le fardeau de son oisiveté, qu'il faut placer un affreux accident dont il fut involontairement la cause, et qui le rendit malheureux toute sa vie. Un jour, au mois d'août 1756, en rentrant de la chasse, il appuya, en plaisantant, son fusil, pour le décharger, sur l'épaule d'un page, derrière lequel se trouvait placé, de manière à ne point être aperçu, un officier de service. Le coup porta tout entier dans le bras de cet écuyer, nommé M. de Chambors, lui cassa l'épaule et le renversa à terre. Consterné à cette vue, le Dauphin se précipita sur le corps du malheureux blessé, lui demanda pardon de ce malheur comme s'il en eût été volontairement coupable, tout cela avec un désespoir si vrai, si touchant, que le blessé lui dit : « Ah ! Monsieur, la douleur où je vous vois ne sert qu'à augmenter ce que je souffre. » On le transporta à Versailles, où, malgré les soins des deux chirurgiens du Roi, aussitôt envoyés auprès de lui, il mourut peu après.

La douleur du Dauphin fut si vive qu'on craignit pour sa santé; il eut un accès de fièvre en rentrant et ne put cacher son désespoir à la Dauphine, quoique l'état de grossesse où elle était lui eût fait presque un devoir de lui épargner cette émotion.

Quand il apprit la mort du blessé, il s'écria : « Hélas! il est donc vrai que j'ai tué un homme; ô Dieu, quel malheur! » Comme on cherchait à le consoler en lui disant qu'il n'était pas coupable d'un accident involontaire : « Vous direz tout ce que vous voudrez, mais ce pauvre homme est toujours mort, et mort d'un coup qui est parti de ma main; non, je ne me pardonnerai jamais. » Son désespoir fut tel que, depuis lors, il ne voulut plus toucher un fusil et renonça pour toujours à la chasse. S'il ne put se consoler d'avoir involontairement enlevé la vie à un fidèle serviteur, il fit tout au monde pour alléger la douleur de la veuve de M. de Chambors. Il tint, avec la Dauphine, sur les fonts de baptême, l'enfant qui vint au monde peu de jours après la mort de son père. Comme on lui disait qu'il n'était pas conforme à l'étiquette que des personnes royales se présen-

tassent en personne à la cérémonie, il répondit :
« Il n'est pas non plus d'usage qu'un Dauphin
tue un homme. » Les parents du malheureux
écuyer furent comblés de faveurs, son père fait
comte, avec deux mille livres de pension. Le Dauphin ne se borna pas là, et n'oublia jamais qu'il
était tenu de tenir lieu dè père à cet enfant, qui
était orphelin par sa faute. Il ne le perdit jamais
de vue. Les trois lettres suivantes, écrites à madame de Chambors, en sont la preuve.

31 janvier 1756.

« Vos intéréts, Madame, sont devenus les
miens; je ne les envisagerai jamais sous un autre
point de vue. Vous me verrez toujours aller au-
devant de tout ce que vous pourrez souhaiter,
pour vous et pour cet enfant que vous allez mettre
au monde. Vos demandes seront toujours accom-
plies; je serais bien fâché que vous vous adressiez
à un autre qu'à moi. Ma seule consolation, après
l'horrible malheur dont je n'ose seulement pas
retracer l'idée, est de contribuer à adoucir, autant

qu'il dépendra de moi, la douleur que vous ressentez et que je ressens comme vous-même. »

« 3 février 1759.

« Puisque vous avez, Madame, le courage de me voir, je ne puis refuser de renouveler, par votre présence, des idées si affligeantes pour moi, que le temps ne saurait les effacer.

« C'est une suite de mon malheur dont je ne puis me plaindre, et que je dois supporter toutes les fois que je pourrai adoucir le vôtre et exaucer quelques-uns de vos vœux.

« Je charge l'abbé de Marbœuf de vous remettre ou envoyer mes lettres, et de vous proposer de venir mercredi prochain, si ce jour vous convient. »

« 1766.

« J'ai reçu, Madame, la lettre que vous m'avez écrite. Vous êtes la maîtresse de venir lorsque vous le jugerez à propos, avec M. votre fils. Vous savez, au surplus, qu'il n'est nullement nécessaire de réveiller, par sa présence, les sentiments que je lui ai voués; ils sont trop profondément gravés dans mon esprit pour qu'ils puissent seulement diminuer. L'abbé de Marbœuf vous expliquera, Madame, les raisons qui m'ont empéché de faire plus tôt réponse à la lettre que vous m'avez écrite. Puisse le ciel conserver l'enfant pour votre bonheur et pour ma consolation; ce sera toujours l'objet de mes vœux les plus ardents. — Louis. »

« J'ose me flatter, écrivait-il plus tard encore à madame de Chambors, que, quelque éloigné que soit en ce moment, par la tendre jeunesse de M. votre fils, tout ce que vous êtes en droit d'attendre de moi pour lui, il me paraît aussi assuré que si j'étais assez heureux pour être au moment de l'exécuter. » Enfin, le 11 juin 1764, près de neuf ans après le fatal accident, c'était toujours le même langage et la même vivacité de sentiments.

« J'espère bien, Madame, écrivait-il, que vous n'avez jamais douté de mon empressement à aller au-devant de tout ce qui peut vous être agréable, et que je m'estime trop heureux quand il se présente quelque occasion où je puis vous être de quelque utilité. Vous me faites grand plaisir par les nouvelles que vous me mandez de votre fils; je le vois s'avancer en âge et échapper au danger de l'enfance avec la plus grande satisfaction. J'espère qu'il vous confirmera de plus en plus dans les idées flatteuses qu'il vous donne déjà lieu de concevoir. Je vous prie, Madame, d'assurer M. votre beau-père des mêmes sentiments que j'aurai toujours à son égard, et de ne jamais douter de ceux que je vous ai voués pour toute ma vie. — LOUIS. »

CHAPITRE VI

La France offrait alors, en 1755, un triste spectacle : au dehors, la guerre étrangère; au dedans, un gouvernement à la fois faible et tyrannique, aux prises avec des difficultés de tous les instants et manifestement au-dessous de sa tâche. Jamais, peut-être, la monarchie n'avait été si déconsidérée qu'à ce moment du règne de Louis XV. Louis XV, en réalité, ne régnait plus; c'était madame de Pompadour qui gouvernait. Tout pliait sous elle, et la France était obligée de supporter un joug qu'elle chansonnait sans merci. Tout le monde sait l'incurie avec laquelle fut conduite la guerre de Sept ans, plus désastreuse pour la France que toutes les guerres de Louis XIV. Nous reviendrons sur ce sujet pour montrer avec quelle vivacité le Dauphin ressentit la honte de nos armes dans une guerre qui désola le cœur filial de la Dauphine. Il faut d'abord raconter le rôle que joua le Dauphin dans la politique intérieure, alors si agitée, si pleine de passions, dont la violence commençait à effrayer les esprits prévoyants.

Toute la France retentissait, en 1755, de la grande querelle du Parlement, qui ne voulait pas reconnaître la bulle *Unigenitus,* et des évêques qui ordonnaient aux fidèles de s'y soumettre. On appelait les uns constitutionnaires et les autres anticonstitutionnaires. La bulle *Unigenitus,* qui condamnait les propositions jansénistes extraites du livre du Père Quesnel, avait déjà bien souvent fait naître des luttes ardentes entre le Parlement et la cour. Imposée par le cardinal Dubois comme loi de l'État, le Parlement s'obstinait toujours à lui refuser l'enregistrement. Tandis qu'elle était reçue et promulguée par la plus grande partie des évêques français, le Parlement, se croyant sans doute maître de la foi, continuait à ordonner aux curés d'administrer les sacrements même à ceux qui refusaient de s'y soumettre. L'archevêque de Paris, Christophe de

Beaumont, enjoignait à ses curés de refuser les sacrements à ceux qui, en résistant, cessaient, par le fait, de faire partie de l'Église; le Parlement faisait saisir les curés qui étaient fidèles aux ordres de leur évêque. Ces différends, pendant lesquels il fallut souvent donner des billets de confession par force, durèrent tout le règne de Louis XV : souvent apaisés, soit par des concessions de la part du Roi, qui fit exiler plusieurs fois l'archevêque, que rien ne fit plier et qui resta toujours fidèle à sa mission et à sa foi, soit par des lits de justice que le Parlement éludait, grâce à des formes juridiques. Le Dauphin était trop religieux pour n'être pas profondément affligé de ces luttes, qui faisaient tant de mal à la religion, et trop bon catholique pour ne pas être tout à fait constitutionnaire. Il aimait et vénérait l'archevêque de Paris, dont on n'a pas assez loué le courage et la grandeur d'âme. Il souffrait aussi de voir l'autorité royale amoindrie, diminuée par la faiblesse de son père, qui ne voyait point que le Parlement ne résistait à la bulle *Unigenitus* qu'afin de se rendre de plus en plus indépendant du pouvoir royal. La France, mal gouvernée et mal à l'aise, voyait avec plaisir le corps des magistrats lutter contre le Roi, et s'habituait à voir braver le pouvoir royal. On ne comprendrait pas les querelles qui passionnèrent le siècle dernier, si l'on n'y voyait qu'une lutte religieuse; le Parlement était alors le seul corps indépendant du trône. Il cherchait toujours à devenir un corps politique, et, s'appuyant sur ce qu'on appelait libertés gallicanes, il se mêlait de trancher sur les matières de foi, cherchant ainsi à affaiblir le pouvoir royal, qui soutenait la cause des évêques.

Les affaires religieuses ne souffraient pas seules alors de la débilité de la main qui gouvernait la France; les finances, la politique étrangère, l'armée, tout était mal dirigé, tout se décomposait. Après la guerre de la succession d'Autriche, le pays était épuisé d'hommes et d'argent. Les années de paix qui suivirent permirent au commerce de reprendre; mais il eût fallu bien des jours semblables, sous un gouvernement ferme, pour que la France eût pu réparer les pertes causées par cette longue guerre, qui avait été aussi inutile que ruineuse. Tous les mémoires du temps dépeignent l'horrible misère qui sévissait sur le peuple. A Paris, le luxe des hautes classes cachait en partie cette triste situation ; mais, dans les campagnes, « ce n'est plus le sentiment brut de la misère, dit M. d'Argenson, c'est le désespoir qui possède les pauvres habitants ; ils ne souhaitent que la mort et évitent de peupler. » Pendant que la pauvreté, les privations affaiblissaient ainsi la France, les prodigalités de Louis XV, son luxe, qui, pour ne pas avoir été aussi grands qu'on l'a dit depuis lors, n'en épuisaient pas moins le Trésor, irritaient et exaspéraient les classes inférieures.

Les contrôleurs généraux se succédaient et essayaient en vain de remédier à cet état de choses. Le contrôleur Machault, homme ferme et honnête, tenta d'établir l'édit du vingtième, qu'il voulait faire appliquer à toutes les terres du royaume. Soutenu par madame de Pompadour, il essaya de l'imposer aux biens du clergé ; mais l'assemblée du clergé résista, offrit un don gratuit, et le Roi abandonna son ministre après l'avoir mis en avant et appuyé de son autorité.

Les affaires étrangères n'étaient pas mieux con-
duites. Tout occupée de l'alliance autrichienne,
madame de Pompadour, qui était le véritable ministre, oubliait nos colonies, qui excitaient l'envie
de l'Angleterre. Pour résister à l'ambition des
marins anglais, il eût fallu déployer une grande
activité afin de refaire la marine et de secourir les
colonies. Il fallait surtout songer que la France
avait intérêt à ne pas abandonner le Canada et les
Indes. Il semblait cependant que ce fût peu de
chose, à voir ce que faisait la France pour défendre ses colonies.

L'assassinat de Jumonville, en 1754, commis
contre toutes les lois de la guerre, la violation fla-
grante du droit des gens, par la prise de l'escadre
française, en 1755, dévoilaient à tous les yeux
les projets ambitieux de l'Angleterre; mais on ne
faisait rien, on ne travaillait à rien à Versailles;
c'est à peine si l'on envoyait quelques secours au
Canada. Quant aux Indes, on les privait du seul chef
qui eût pu les défendre. Tout enfin faisait voir en
quelles mains le pouvoir était tombé. Est-il étonnant qu'à la vue de toute cette faiblesse et de cette

incurie, l'âme du Dauphin fût livrée à une profonde tristesse, et qu'il se retirât toujours davantage dans son intérieur? C'est alors, cependant, que survint un événement qui, pour un moment, le mit en avant et lui fit espérer de sortir de son inaction, espoir qui devait être définitivement trompé.

« Hier, 5 janvier 1755, le Roi, se disposant à monter en voiture pour aller faire les Rois à Trianon, fut frappé d'un coup de poignard par un méchant assassin qu'on dit se nommer Damiens et être du pays d'Artois. » Voilà comment M. d'Argenson annonce dans ses Mémoires l'attentat sur la personne de Louis XV, qui eut un si grand retentissement dans l'histoire. Au moment de monter en voiture, un homme s'avança, frappa le Roi avec un canif, et cria : Qu'on prenne garde à M. le Dauphin! Il fut aussitôt arrêté. Le Roi se crut mort, et une confusion inexprimable régna à Versailles. Un sentiment général de consternation se répandit en France. Le Roi était encore aimé, et le crime de régicide frappait alors tous les esprits de terreur. Le péril que le

Roi venait de courir mettait naturellement le Dauphin en première ligne. Tout d'abord, se croyant près de sa fin, le Roi le nomma son lieutenant général chargé de présider le conseil, en ajoutant, ce qui montre combien sa conscience était inquiète : « Mon fils, je vous laisse un royaume bien troublé; je souhaite que vous gouverniez mieux que moi. » Tous les yeux se portèrent donc sur ce Dauphin qu'on ne connaissait pas ou qu'on connaissait mal. Sa situation ne laissait pas que d'être fort délicate. Il se voyait puissant, mais pour un instant seulement, et savait que chacun de ses actes était surveillé, jugé par une foule curieuse et intéressée, et que le moindre signe de contentement de sa part le perdrait infailliblement si le Roi revenait à la santé. Il faut dire à sa louange que la pensée de se voir enfin à la place qui lui était due ne semble seulement pas lui avoir traversé l'esprit. Mais si son âme était incapable de pareilles pensées, ses ennemis à la cour étaient bien capables de les lui prêter, et le Dauphin connaissait trop bien son terrain pour ne pas savoir que la moindre de ses paroles prêterait à mille commentaires. Il s'arma donc de prudence, et se conduisit de façon à arracher l'éloge même à ses adversaires. Il eut, dès le premier jour, une décision particulièrement difficile à prendre. Au moment de l'attentat, le Roi et le Parlement étaient en lutte ouverte. S'obstinant à rejeter la bulle *Unigenitus*, ce corps venait en outre de refuser de se soumettre au grand conseil, et de rendre une sorte d'arrêt d'union avec les autres parlements, comme au temps de la Fronde. De plus, il refusait systématiquement l'enregistrement de toutes les réformes financières apportées par le Roi. Pour répondre à cette hostilité devenue dangereuse, le Roi, dans un lit de justice, avait attribué aux ecclésiastiques la connaissance du refus de sacrements, restreint les attributions du Parlement, établi qu'il fallait dix ans de service pour avoir voix délibérative, supprimé deux chambres du Parlement, et, enfin, déclaré que toute interruption dans le cours de la justice entraînerait, pour les délinquants, la perte de leur office, ce qui était une ruine absolue pour les magistrats. Là-dessus, le Parlement avait donné sa démission en corps, et la justice était suspendue.

Les choses en étaient là lorsque survint l'assassinat du Roi. Aussitôt le Parlement essaya de profiter de l'événement à la fois pour rentrer en grâce et faire admettre ses prétentions. Dès le lendemain, une députation de la chambre des enquêtes vint trouver le Dauphin pour demander que l'affaire lui fût déférée. « M. le Dauphin [1] a tenu plusieurs fois conseil, tant dans la nuit que dans la journée du jeudi; mais sur la demande de Messieurs des enquêtes et requêtes, il a répondu à M. le président que cette affaire était trop délicate et qu'il ne pouvait la prendre pour son compte. » La décision était difficile pour le Dauphin. Effectivement, ses convictions religieuses le rangeaient parmi les ennemis notoires du Parlement, et il savait qu'on lui attribuerait toute résolution contraire à ce corps. Il sut se tirer de ce pas glissant avec une certaine dignité calme, qui fit impression sur tout le monde. On n'était plus habitué à voir le pouvoir se conduire avec cette tranquille fermeté. « M. le Dau-

[1] BARBIER, janvier 1755.

phin [1] a tenu conseil à Versailles, sur la demande de MM. les présidents, afin d'accorder permission à tout le Parlement de s'assembler, c'est-à-dire de remettre en quelque sorte sa démission. M. le Dauphin a dit qu'il n'avait rien à ajouter à la réponse qu'il avait faite hier jeudi, c'est-à-dire qu'il ne voulait pas prendre cela sur lui. Sur la demande de Messieurs de la Grande Chambre pour supplier le Roi de vouloir bien renvoyer au Parlement la procédure et l'accusé, M. le Dauphin a répondu qu'il en parlerait au Roi. Voici la réponse de M. le Dauphin, au nom du Roi.

« Le Roi voudra bien donner des lettres patentes pour renvoyer à la Grande Chambre assemblée, séant à la Grande Chambre, la continuation de l'instruction et le jugement de l'accusé. Le Roi permet à M. le procureur général d'adresser en conséquence un projet de lettres patentes, et l'intention de Sa Majesté est qu'il ne soit fait aucune procédure jusqu'à l'enregistrement desdites lettres patentes. »

---

[1] BARBIER, janvier 1755.

Le Dauphin, en faisant cette réponse au nom du Roi, évitait de se mettre lui-même en jeu, ne voulant pas profiter du hasard qui lui donnait le pouvoir pour témoigner au Parlement combien il blâmait sa conduite, et ne voulant pas non plus se faire de la popularité aux dépens du Roi en prenant le parti d'être favorable aux prétentions des magistrats. Tout le monde lui sut gré de cette réserve et de cette modération. Il étonnait, du reste, amis et ennemis par la dignité de ses manières et surtout par une intelligence des affaires que personne ne soupçonnait.

« Sa Majesté [1] a fait tenir jeudi un Conseil d'État où tous les ministres étaient rassemblés, et M. le Dauphin, qui y présidait, a marqué une intelligence, une dignité même et une éloquence qu'on ne lui connaissait pas. Tant il est vrai qu'il faut mettre les hommes à même pour connaître leur valeur. Voilà M. le Dauphin associé à l'empire ; mais ne nous flattons pas, il est entouré de cagots tristes et fâcheux. Nous allons voir si l'in-

---

[1] Argenson, 7 janvier 1757.

fluence de ce prince sur les affaires conduira à la pacification religieuse ou à des rigueurs plus odieuses contre les magistrats. » Devenu ainsi subitement le point de mire de toutes les remarques et de toutes les prévisions, le Dauphin ne fut ni enivré ni séduit par les flatteries qui environnent toujours un pouvoir naissant. Bientôt rassuré sur la vie du Roi, il jouissait doucement d'une faveur qu'il savait devoir être passagère, était aimable pour tous et dissipait les préventions par sa bonne grâce, pleine d'une dignité royale. Le Roi, qui fut vite remis, reprit bientôt la direction des affaires et refusa de confier le procès de Damiens à toutes les chambres réunies. Il fut remis à la Grande Chambre, où il ne restait que dix-sept membres, tous les autres ayant donné leur démission. La prudence du Dauphin l'avait bien inspiré. S'il se fût prononcé contre la prétention du Parlement, toute la cour lui aurait attribué la décision du Roi. Si, au contraire, il eût admis les prétentions de la haute cour de justice, le Roi aurait cru qu'il ne songeait qu'à se faire bien voir de ceux qu'il espérait bientôt gouverner. Tout le temps

fort court qu'il présida le conseil en l'absence du
Roi, il usa de la même réserve. Le duc de Luynes
en cite un trait particulier que nous croyons utile
de rappeler.

« Il y a deux ou trois jours [1] qu'après avoir
parlé de cette affaire (celle du Parlement), il fut
question de la résistance du parlement de Bretagne aux ordres du Roi, résistance qui devenait
d'autant plus importante que les États et le Parlement s'étaient joints ensemble pour le même objet. M. le Dauphin prit les avis et dit qu'il ne
pouvait donner le sien, qu'il allait en rendre
compte au Roi ; ce qu'il fit sur-le-champ, et revint
dire au conseil que le Roi approuvait ce qui avait
été arrêté. M. le Dauphin a donné aujourd'hui
une marque de bonté pour la Bretagne, dont la
nouvelle sera bien agréable à cette province. Il y
avait un monde prodigieux à son dîner, comme il
y en a depuis hier, qu'il a commencé à dîner en
public. Au milieu de cette foule, il a aperçu M. le
marquis de Pouligny, homme de condition de Bre-

[1] Luynes, 9 janvier 1757.

tagne, qu'il ne connaît que médiocrement et à qui il n'avait jamais peut-être parlé. Il lui a demandé s'il avait des nouvelles de Bretagne. M. de Pouligny ayant répondu que M. le Dauphin devait en être instruit : « C'est pour cela que je vous « ai appelé, a répondu M. le Dauphin, et pour « vous dire le plaisir avec lequel j'ai appris la « conduite des États, que je n'oublierai jamais ; « je vous prie de le leur mander. » Une affabilité si gracieuse chez un prince qu'on ne connaissait pas étonnait et charmait la cour, d'autant plus que la calomnie l'y avait moins préparé.

S'il s'était abstenu d'agir, il n'avait pas moins profité de cette courte expérience du pouvoir pour faire d'utiles réflexions sur l'état du gouvernement. L'attitude du Parlement, si prompt à profiter d'un malheur public pour reprendre et étendre son autorité, lui inspirait de sérieuses inquiétudes, et il crut devoir en faire part à son père dans une lettre étendue, qui est encore conservée aux Archives d'État, et qui est remarquable par un grand sens pratique et une juste prévision des dangers futurs de la royauté.

« Vous m'avez permis [1], mon cher père, de vous
exposer mes réflexions au sujet des partis qu'on
vous propose. Je profite de votre permission avec
la plus entière confiance.

« Quelque étendue que soit la matière, elles se
réduiront à peu de paroles, n'ayant pour base que
la nécessité absolue de vous faire obéir par le Parlement. A peine lui avez-vous manifesté vos volontés, qui tendaient autant à son bien qu'au
vôtre, que plutôt que de se soumettre à des lois
sages et modérées, ils ont mieux aimé se réduire
à de simples particuliers. Cette résolution, exé-
cutée par plus des trois quarts de la compagnie,
dévoile bien clairement leur sentiment et leur
projet. Malgré toutes les voies que votre bonté
leur a ouvertes pour rentrer dans leurs devoirs,
ils ont persisté dans la désobéissance. Croyant
vous faire encore grâce, ils ont voulu que leur
rentrée fût un triomphe, que ce fût vous-même
qui les en priiez, après avoir aboli tout ce qui
s'était fait au lit de justice. Apprenant qu'un scé-

____
[1] H. DE L'ÉPINOIS, p. 245.

lérat a mis la main sur vous, leurs cœurs ont-ils été émus? Ils demandent avec hauteur de juger le criminel; mais, plus occupés, dans un tel instant, de profiter de l'état où cet exécrable assassin vous a réduit, que d'en gémir, ils cherchent uniquement à en tirer parti; ils veulent bien vous faire la grâce de le condamner au supplice, mais à condition qu'on ne parlera pas d'exécuter les édits et déclarations, ni de reprendre la justice. A quoi tend leur conduite? à quoi tendent leurs arréts, leurs remontrances? A persuader au royaume entier qu'insensible à la misère des peuples, vous prodiguez leur sang et leurs biens sans nécessité; que, ne suivant d'autres lois que vos volontés, vous établissez un despotisme outré qui ne connaît aucun frein; que, sans eux, toutes les lois seraient foulées aux pieds et l'État bouleversé; qu'eux seuls sont encore de vrais citoyens qui, par zèle pour la patrie, bravent les exils et les prisons. Vous rappelant ensuite les principes qu'ils ont avancés dans toutes leurs remontrances, leur existence aussi ancienne que la monarchie représentative de la nation entière, leur corps créé dans l'État en même temps que l'État, destiné à assurer les libertés des citoyens, l'enregistrement par une délibération libre, nécessaire pour consommer la loi et lui donner son autorité, enfin cent autres maximes également fausses et destructives de toutes monarchies, il vous sera aisé de juger de leurs vrais sentiments et du but où ils tendent. A ces excès, qu'avez-vous opposé? Une bonté inaltérable, une douceur qui ne vous laissait envisager qu'avec douleur la nécessité de punir, un désir soutenu et marqué en toutes les occasions d'applaudir à leur conduite, de les trouver fidèles, de leur donner des preuves de votre affection; et c'est cependant vous qu'ils veulent dépeindre comme un tyran. Au milieu de la défection générale, un petit nombre paraît encore fidèle; ils font concevoir l'espérance que leur exemple ramènera les autres à l'obéissance, leurs discours plus modérés donnent lieu de s'en flatter; dans cette confiance, vous voulez bien remettre entre leurs mains le soin de votre vengeance et d'assurer, par leurs recherches, vos jours pour l'avenir. De quelle façon ont-ils répondu à une marque si tou chante de votre bonté? Cette idée est trop affligeante pour pouvoir m'y arrêter, et reprenant la suite du parallèle de leur audace et de votre bonté, je prends la liberté de vous demander si, toutes les fois que vous avez bien voulu condescendre à une partie de ce qu'ils demandaient, eux, de leur côté, ont daigné aussi rabattre de leurs prétentions; si cela est, suivez avec liberté les mouvements de votre cœur; mais si, au contraire, à mesure que vous leur cédiez une chose, ils en ont demandé quatre fois plus, n'est-il pas visible que les ménagements et les négociations ne produisent aucun bon effet? Aujourd'hui, je ne vois rien qui donne une espérance plausible de gagner les esprits par les mêmes moyens qui ont échoué tant de fois. Le seul but où vous puissiez tendre est de vous faire obéir; si, après avoir été leur déclarer avec tant d'appareil votre volonté et vos lois, vous avez encore la condescendance de vous prêter à leurs désirs, en un mot, permettez-le-moi, de reculer, leur audace augmentera, et le peuple, imbu de leurs malicieuses maximes, achèvera de se convaincre de la justice de leurs prétentions. Quelles funestes suites n'auront pas de telles opinions! Moins votre autorité sera respectée, moins votre personne sera à l'abri des abominables entreprises dont nous avons vu les tristes effets, et c'est là, je vous l'avoue, le point qui m'occupe le plus; je pense donc qu'une fermeté inébranlable est le seul moyen de conserver et vos jours et votre autorité. Il est triste d'être forcé à se faire craindre, mais il l'est encore plus d'avoir à craindre. La complaisance dans ce moment-ci produirait peut-être une tranquillité apparente de quelques jours, mais que vous rachèteriez bien cher par la suite. Le public n'en serait pas mieux servi; à la première occasion, ils suspendraient le service, qu'ils n'ont repris qu'en apparence, et vous vous trouveriez encore moins avancé qu'aujourd'hui. Il est difficile de se flatter, après les principes qu'on connaît dans le Parlement, de parvenir au concert auquel les ministres prétendent, du moins pour ce moment-ci; il a souvent trompé les espérances qu'on en avait conçues, il le fera encore s'il croit pouvoir l'oser.

« J'avoue que dans la déclaration de la disci-

pline il y a peut-être des choses qu'on pourrait
changer ; mais il faut, auparavant, que, par l'exécution en entier de tout ce qui est prescrit, et par
leur assiduité à rendre la justice, ils méritent une
telle grâce. Je me suis peut-être expliqué avec
trop de liberté, mais vous m'y avez autorisé et
savez le sentiment qui me fait parler et qui est
gravé dans le fond de mon cœur[1]. »

Nous ne savons quelle fut l'impression que
cette lettre causa à Louis XV. La résolution qu'il
prit de rendre à ce moment ses faveurs au Parlement ne prouve pas qu'elle fût profonde ; mais les
difficultés qui suivirent cet acte de faiblesse et qui
agitèrent toute la fin de ce triste règne firent voir
que le Dauphin n'avait pas mal jugé.

Au reste, le public français en général était
préoccupé de bien autre chose que de la disgrâce
ou du retour du Parlement. La grande affaire était
de savoir quel changement le péril que le Roi avait
couru, et les sentiments de religion qu'il avait fait
paraître quand il s'était vu près de la mort, al-

____

[1] Archives K, 144, n° 17.

laient apporter dans sa vie. Madame de Pompadour allait-elle quitter la cour? Le Roi regarde-
rait-il l'attentat dont il venait d'être la victime
comme un avertissement du Ciel? La face de la
cour allait-elle changer? Tout le monde, à Versailles comme à Paris, se faisait cette question, et
chacun, suivant ses intérêts, désirait ou redoutait
le changement. Plus que tout autre, le Dauphin
devait souhaiter l'éloignement de madame de
Pompadour, car il savait bien que tant qu'elle
serait auprès du Roi, il serait mis à l'écart de tout
et tenu dans un éloignement des affaires humiliant et dégradant pour lui. Il suivait donc, avec
une angoisse facile à comprendre, les péripéties
de ce drame domestique, qui rappellent celles
des harems de l'Orient. Les premiers jours qui
suivirent l'assassinat, la marquise ne vit pas le
Roi, qui ne la fit pas demander. « Il est vrai,
dit d'Argenson, que, depuis l'assassinat du Roi,
la marquise n'a pas vu Sa Majesté un instant.
Elle soutint sa disgrâce en dissimulant. Elle n'a
pas même reçu un billet de Sa Majesté, qui ne
semble pas penser à elle. Pendant ce temps-là,

le Roi voit tous les jours le Père Desmarets, son confesseur, et a fait à la Reine bien des déclarations d'amitié et de sagesse. Tout cela sent un grand changement à la cour : M. le Dauphin est du conseil et y prend un grand crédit. »

Tout, en effet, faisait prévoir le renvoi de la marquise. Elle-même s'y préparait et faisait ses paquets ; mais, excitée par madame de Mirepoix qui, la trouvant désolée et sur le point de partir, lui dit sèchement : « Qui quitte la partie la perd, madame », elle se résolut à attendre les ordres du Roi. Il semblait qu'elle ne dût pas les attendre longtemps, car les gens les mieux informés et les plus habiles s'éloignaient prudemment d'elle. Déjà le comte d'Argenson, qui n'avait jamais consenti à la flatter, cessait de la ménager et lui témoignait ouvertement son mépris, tandis que le contrôleur général Machault, qui, malgré l'honnêteté de son caractère et la fermeté de ses vues, avait été beaucoup plus souple, lui conseillait de se retirer. Toutes ces incertitudes durèrent peu, et la scène changea de nouveau subitement de face. Un jour, sans prévenir personne, le Roi reprit, plus par ha-

bitude que par entraînement, le chemin des petits
appartements, et tout recommença comme si rien
ne s'était passé. Madame de Pompadour, replacée
au faîte de la faveur, n'eut rien de plus pressé que
de faire sentir ce pouvoir à ceux qui en avaient
douté, en disgraciant M. d'Argenson et le contrôleur Machault. Le premier reçut son congé dans les
termes les plus secs, et n'obtint aucun dédomma-
gement. Le second fut traité plus doucement et
emporta les regrets de tous les honnêtes gens. Le
Dauphin ne cacha pas la part qu'il prenait à sa
disgrâce et lui conserva toujours son estime. On
dit même que dans les instructions secrètes lais-
sées à son fils, il le lui désigna parmi les personnes
les plus propres à être ses ministres, et que peu
s'en fallut qu'il ne fût appelé à la place de Maurepas. La rentrée en grâce de madame de Pompadour fut un terrible coup pour toute la famille
royale, surtout pour le Dauphin. C'était donc là
la récompense de tous ses efforts pour ménager la
susceptibilité inquiète du Roi; il fallait donc rentrer, comme avant, dans le néant et voir gouverner ceux qui achetaient le pouvoir aux dépens

de leur dignité. L'épreuve était amère, et il
fallait au Dauphin tout son courage de chrétien
pour ne pas se plaindre. La seule marque qu'il
donna de son déplaisir fut un mépris plus apparent et plus affecté encore que par le passé
pour madame de Pompadour. Du reste, pas
un air d'humeur, pas une plainte. Appelé désormais à prendre part au conseil du gouvernement (le Roi n'avait pu lui refuser cette marque
extérieure de confiance, après la capacité dont
il avait fait preuve), il eut le chagrin d'y rester
absolument sans crédit, de se voir contraint de
donner ses avis avec la certitude qu'il ne serait pas écouté, et de constater les fautes comme
d'en prévoir les conséquences sans pouvoir jamais
les prévenir. Il supporta cette épreuve avec une
fermeté et une douceur inébranlables qui ne se
démentirent jamais. Jamais la piété filiale ne remporta un plus grand triomphe sur les sentiments
les plus naturels et, jusqu'à un certain point, les
plus légitimes du cœur humain. Il faut lire, dans
une lettre à l'évêque de Verdun, tout le récit fait
par lui-même de cette révolution de cour et de

palais. A peine dirait-on qu'il y ait pris part et que sa personne y ait été intéressée.

« Versailles, ce 1er février 1757.

« Vous me pardonnez aisément, je crois, l'Évêque, de ne vous avoir pas fait de réponse à votre lettre de bonne année. J'avais de trop cruels sujets d'occupation pour y songer, et je crois que l'impression de cet abominable événement n'aura guère été moins forte sur vous que sur moi, car les sentiments d'un aussi bon sujet approchent un peu de ceux d'un fils. Pour moi, il m'est impossible de vous détailler ce qui s'est passé dans moi ; je n'ai senti d'abord que la douleur et le désespoir de perdre un père qui me témoignait une tendresse qui redoublait encore, si c'est possible, le déchirement de mon cœur. A peine ai-je été rassuré sur sa vie, que l'image de l'attentat commis, dont le Ciel seul peut parer la récidive, a étouffé en moi tout sentiment de joie. Je l'ai vu et ne puis le croire. J'étais présent, et je ne me crois que dans l'horreur d'un songe. Il me semble que je vis dans un autre siècle, et quelques malheurs

que les dissensions présentes m'offrent à l'esprit,
celui-là seul ne s'était jamais présenté à mon esprit. Qu'ont pensé vos Verdunois? Paris a été
touché du malheur arrivé à la personne du roi,
mais, il faut l'avouer, il n'a pas ressenti l'atrocité
d'un régicide. Les provinces ont été plus émues,
Dieu veuille ôter jusqu'au seul souvenir de cette
funeste journée! Il y a depuis aujourd'hui de
grands changements dans le ministère. M. de Machault et M. d'Argenson sont déplacés, le dernier
exilé en Touraine, le premier conseillé de passer
simplement quelques jours à Ernouville, du moins
à ce qu'on m'a assuré, car pour ce petit détail je
ne le sais pas positivement. Les sceaux, la guerre
et la marine ne sont pas encore donnés ; vraisem-
blablement cela durera un peu. Il faut espérer que
cela coupera pied aux divisions qui régnaient dans
le ministère, et que ceux qui les remplaceront con-
courront, sans se livrer à leurs haines particu-
lières, aux vues droites et dignes du trône, que le
roi a pour la paix et le bonheur de ses sujets.
Pépa, mes enfants et moi, nous nous portons tous
très-bien. Faites-en autant, mandez-moi de vos

nouvelles, et soyez bien sûr, je vous le demande
en grâce, de ma tendre amitié.

« LOUIS. »

Après la lecture d'une telle lettre, qui s'étonnerait du cri d'admiration arraché à madame de Pompadour même? « Le Dauphin, disait-elle (au moment où elle s'efforçait de lui enlever l'amitié de
son père), le Dauphin a le cœur bon : c'est peut-
être le seul héritier qui verserait des larmes à la
mort de son père[1] ». Il semble que celui qui était
possédé de tels sentiments eût dû être mieux
connu et mieux apprécié.

[1] C. DU ROZOIRE, *Vie privée des Bourbons.*

CHAPITRE VII

Guerre de Sept ans. — Tristesse du Dauphin. — Éducation des enfants de France. — Mort du duc de Bourgogne. — Piété du Dauphin.

Les affaires intérieures de la France n'étaient pas alors le seul sujet de tristesse pour ceux qui étaient restés bons Français. La guerre étrangère, aussi mal conduite que malheureuse, achevait de ruiner et de déconsidérer la France. Un grand changement survenu dans la politique française, et qui est resté célèbre dans l'histoire, venait de nous allier à la Maison d'Autriche, autrefois la constante ennemie et rivale de la France. Louis XV s'était uni à Marie-Thérèse pour combattre l'ambition toujours croissante du roi de Prusse, le grand Frédéric. Ce changement, que l'ambition envahissante de la Prusse rendait, il faut le dire, presque inévitable, était dû en grande partie à l'influence de madame de Pompadour, irritée des sarcasmes que ne lui épargnait pas le roi de Prusse. Elle avait mis au ministère le léger et spirituel abbé de Bernis qui, placé subitement à la tête des affaires, donna tous ses soins à conclure une alliance par laquelle il espérait illustrer son nom. Tout le monde sait comment le roi de Prusse répondit à l'attaque de la France et de l'Autriche, aidée par la Russie. L'invasion subite de la Saxe, qu'aucun prétexte ne motivait, vint montrer au monde que, pendant qu'on se reposait et qu'on hésitait à Versailles, le roi de Prusse savait se décider et agir. Le Dauphin était trop bon Français pour ne pas prendre un ardent intérêt à cette guerre qui engageait toute la fortune de sa patrie. Le changement de politique qui avait amené le traité de Versailles l'avait à la fois surpris et inquiété ; il craignait et redoutait la guerre, parce qu'il avait sujet de se méfier de la manière dont elle serait conduite. La nouvelle alliance était trop directement l'œuvre de madame de Pompadour pour qu'il ne la vît pas avec défiance. Attaché à l'ancienne politique, il se risqua même, si nous en croyons le dire de Soulavie, à présenter un mémoire contraire à l'alliance autrichienne, qui n'eut aucun succès auprès du Roi. L'autorité du faiseur de mémoires, qui rapporte ce fait, est trop douteuse pour qu'il faille y ajouter une foi entière. Au premier moment il avait pu regretter le changement de politique ; une fois la guerre engagée, tous ses vœux étaient pour le succès des armes françaises, et l'odieuse invasion de la Saxe acheva de lui ôter tout penchant pour l'alliance d'un souverain capable d'une telle perfidie. La Dauphine, fille du roi de Saxe, fut plongée dans le désespoir en apprenant le malheur de son pays et de sa famille. La dureté avec laquelle fut traitée la reine de Saxe, les privations qu'on lui imposait furent de nouveaux chagrins qui la pénétrèrent d'indignation. Elle ne cachait pas son désespoir. « Je serais heureuse, disait-elle, si je pouvais faire le change du palais de Versailles pour la prison de ma mère. »

Le Dauphin, partageant des sentiments si naturels, eût voulu aller à l'armée pour venger cet affront, mais il était inutile d'espérer obtenir le consentement du Roi, et le Dauphin dut se résigner à voir donner des commandements à des gens incapables, à des princes du sang médiocres, à des favoris de madame de Pompadour, sans qu'il pût jamais prétendre à donner même un conseil ni à payer de sa personne. Cependant quand arrivèrent positivement les nouvelles des désastres de Rosbach et de Crefelt, il n'y put tenir et il écrivit à son père une lettre suppliante pour obtenir qu'on le laissât partir et prendre le commandement de l'armée. Il pressait le Roi de le mettre à la tête de l'armée, protestant que ce commandement ne serait qu'apparent et qu'il ne ferait rien que de l'avis des officiers généraux, qu'il ne serait là que pour animer les soldats et leur faire voir que les princes ne sont pas indifférents aux malheurs de la France. « Non, s'écriait-il en finissant, je suis sûr qu'il n'y a point de Français dont le courage ne soit animé, et qui ne devienne invincible à la vue de votre fils unique, qui les mène au combat. » Le Roi répondit : « Votre lettre, mon fils, m'a touché jusqu'aux larmes. Il ne faut point se laisser aller par le malheur. C'est aux grands maux qu'il faut les grands remèdes. Ceci n'est qu'une échauffourée. Je suis ravi de reconnaître en vous les sentiments de nos pères, mais il n'est pas encore temps que je vous sépare de moi. » Cette lettre de Louis XV serre le cœur, et l'on ne peut s'empêcher de plaindre un roi qui regardait la défaite désastreuse de Crefelt comme une échauffourée. Le Dauphin comprit qu'il n'y avait rien à espérer pour lui et se le tint pour dit. Forcé d'obéir, il refoula en lui-même tous les sentiments qui l'agitaient, mais sa santé en souffrit. Doué d'un tempérament robuste et sanguin pour lequel l'action était un besoin, le chagrin, l'indignation contenue minaient sourdement ses forces et préparèrent le mal auquel il devait bientôt succomber.

Si Louis XV considérait les défaites successives essuyées par nos armées comme sans importance, il n'en fut pas de même de celui qu'il avait mis à la tête des affaires étrangères, l'abbé de Bernis. La faveur de madame de Pompadour avait élevé ce prélat frivole au poste dangereux de ministre des affaires étrangères, et cette faveur était due à une souplesse de caractère, à un

esprit facile et brillant qui n'était pas tout à fait
d'accord avec l'habit qu'il portait. Après s'être
prêté au renversement des anciennes traditions
politiques, Bernis vit avec terreur les résultats
désastreux de la guerre qu'il avait imprudem-
ment engagée. A la vue des malheurs de la
France, il retrouva assez de courage et d'énergie pour essayer d'arrêter le mal, s'il en était
temps encore. Persuadé que la continuation
de la lutte entre la France et l'Angleterre
obligerait la France à un traité honteux, et ne
sachant plus comment se tirer d'une situation
qu'il avait lui-même amenée, Bernis eut au moins
le courage de conseiller hautement la paix. Pro-
fitant d'un succès peu durable remporté par le
maréchal de Soubise à Capel, il présenta au Roi
un rapport où il lui représentait que la France
ruinée et appauvrie, sans généraux, sans hommes,
sans argent, ne pouvait continuer la guerre, et
qu'une paix, quelles qu'en fussent les conditions,
était devenue nécessaire. C'était sacrifier la faveur
de madame de Pompadour, plus obstinée que
jamais à poursuivre le roi de Prusse. Bernis sup-

porta ce ressentiment avec une tranquillité qui rachète un peu son ancienne souplesse. Madame de Pompadour l'emporta naturellement, et M. de Bernis fut éloigné du pouvoir. Fait cardinal et envoyé comme ambassadeur à Rome, il sut supporter sa disgrâce avec dignité, et ne quitta plus son ambassade de France qu'à la révolution. Le Dauphin s'était ouvertement uni aux efforts faits pour arriver à la paix ; il savait trop bien comment la guerre avait été menée jusque-là, et comment elle serait conduite si elle continuait, pour ne pas désirer qu'on la terminât par un traité, qu'alors on pouvait peut-être faire honorable. Quand la continuation de la guerre fut décidée et Bernis exilé, la Dauphine lui écrivit : « Puisse[1] la pourpre dont vous allez être revêtu vous guérir comme vous le désirez des battements de cœur que vous donne ma malheureuse patrie. » Celui qui devait tout à madame de Pompadour quittait la cour, ami du Dauphin. Là, en effet, auprès du Dauphin, était le refuge naturel

[1] *Marie-Joséphe de Saxe*, par le R. P. REGNAULT.

de tous les cœurs nobles qui restaient encore au milieu de la cour de Louis XV.

L'abbé de Bernis fut remplacé par le brillant comte de Stainville, qui prit le titre de duc de Choiseul. C'était un esprit facile et fécond. qui excellait à exposer les affaires au Conseil et à les rendre intéressantes. Ses vues ingénieuses, mais superficielles, ne manquaient pas de grandeur, et il aimait ou croyait vraiment aimer son pays. Son arrivée au pouvoir combla de joie le parti philosophique qui le savait d'un esprit libre et peu enclin à la dévotion ; les parlementaires se réjouirent aussi de l'élévation d'un homme qui passait pour n'aimer ni le clergé ni les Jésuites. Le duc de Choiseul acquit bientôt une grande influence sur le Roi. Madame de Pompadour ne prit pas ombrage de cette faveur, car elle subissait aussi le charme du duc de Choiseul qui la ménageait, la courtisait même, mais savait garder une apparence de dignité dans ses rapports avec elle. Il ne rentre pas dans notre cadre de tracer un tableau du gouvernement des affaires étrangères par le duc de Choiseul ; on l'a jugé très-diversement. Les philosophes, dont il courtisait la faveur, l'ont exalté ; la postérité, sans partager leur enthousiasme, doit lui tenir compte de ses bonnes intentions et des efforts infructueux qu'il a faits pour relever la fortune de la France. Il signa le douloureux traité de Paris, mais il fit tout ce que le malheur des temps permit pour en réparer les conséquences. A la vérité il aima la popularité plus que la gloire, et fut plus occupé de se faire un nom que de faire le bien du pays.

Le Dauphin et tous les siens virent avec chagrin l'élévation du duc de Choiseul. En effet, par ses rapports avec les philosophes, aussi bien que par l'intérêt qui le portait à ménager la faveur de madame de Pompadour, Choiseul était naturellement enclin à se ranger parmi les ennemis de l'héritier du trône. Il n'y manqua pas et, bien loin de chercher à rapprocher le père et le fils, ne fit, au contraire, qu'exciter les méfiances du Roi contre son futur successeur. Trop clairvoyant pour ne pas se rendre compte de la hauteur d'âme du Dauphin et de ses facultés supérieures, et lui rendant sur ce point plus de justice qu'on ne le faisait généralement, le nouveau ministre eut peur de le voir prendre une influence qui eût combattu la sienne, et se résolut de l'empêcher, à tout prix, de rentrer en scène. Ce ne fut d'abord qu'une sourde opposition, mais les événements devaient en faire une guerre ouverte.

L'arrivée du duc de Choiseul au pouvoir ne fit que resserrer l'alliance autrichienne, et la guerre reprit en Allemagne avec une ardeur nouvelle. La campagne de 1759 sembla commencer sous de meilleurs auspices. Le duc de Broglie remporta la victoire de Berghen sur le prince Ferdinand de Brunswick. Cette victoire, qui mit pour un temps Cassel, Minden et Munster en la possession des Français, fit un double plaisir au Dauphin. D'abord il était heureux de voir nos armes triompher, puis c'était pour lui un plaisir presque aussi vif de voir le duc de Broglie être l'heureux vainqueur de cette journée. Ce dernier, en effet, nous l'avons dit, faisait partie de la petite cour particulière du Dauphin, où l'on goûtait beaucoup l'esprit vif et caustique de son oncle, l'abbé de Broglie. Le comte de Broglie, frère du vainqueur de Berghen, avait mérité les bonnes grâces de la Dauphine par son zèle pour le roi de Saxe, alors qu'il était embassadeur en Pologne. L'hostilité déclarée de cette famille contre madame de Pompadour achevait de lui valoir les bonnes grâces du chef du parti dévot. Ce fut donc une joie presque personnelle pour le Dauphin ; c'était, au contraire, un déplaisir mortifiant pour la marquise, de voir son favori, le prince de Soubise, battu à Rosbach et être obligé de devoir le seul succès important obtenu depuis longtemps, à quelqu'un qui était, comme on disait alors, à M. le Dauphin. Il y eut donc là, pour le Dauphin, une double satisfaction. Ajoutons que s'il était estimé du Dauphin, le maréchal de Broglie, juge très-expérimenté en fait de matières militaires, avait lui-même une juste idée de la valeur de ce prince. Il le regardait comme ayant les plus heureuses dispositions pour le métier des armes et disait « qu'il n'avait manqué à M. le Dauphin que l'occasion pour se montrer un capitaine digne des héros de sa race ».

Malheureusement les espérances qu'avait fait naître la bataille de Berghen ne durèrent pas long-temps. Le maréchal de Contades fut battu à Minden au printemps de 1760. On confia alors le commandement de toute l'armée au maréchal de Broglie. Il sut se maintenir en Bavière, et le succès de Clostercamp, dû à la bravoure du marquis de Castries, rendit aux drapeaux français leur ancienne auréole de gloire. Mais madame de Pompadour, qui détestait le maréchal et qui s'efforçait de lui nuire, insista pour lui adjoindre le prince de Soubise, afin de fournir à son favori l'occasion de briller à côté du rival que le public se plaisait à lui opposer. Broglie résista long-temps à cette fantaisie féminine qui choquait toutes les règles de l'art militaire. Le Dauphin l'appuya de son mieux, et il espéra même un intant qu'on l'enverrait lui-même à l'armée, afin d'en prévenir les principaux inconvénients. La Dauphine faisait savoir cette espérance à son beau-frère. « Il est question, écrivait M. de Martanges, correspondant du prince Xavier de Saxe à Paris, de faire venir M. le Dauphin à l'armée pour être généralissime des deux maréchaux. Je ne crois pas que cela puisse avoir lieu, mais je sais que cela a été fort agité. » Ce rêve ne devait pas se réaliser pour le Dauphin. On ne donna aucune suite au projet qui, sans doute, avait fait battre son cœur d'une joyeuse émotion, et la défaite de Fillingshausen, fruit de l'inévitable division des deux commandements, vint montrer une fois de plus combien l'influence de madame de Pompadour était fatale à la France. Les deux généraux, Soubise et Broglie, s'imputèrent réciproquement la défaite. Malgré tous les efforts du Dauphin, le second fut disgracié et exilé. Le prince fut très-sensible à la disgrâce d'un de ses protégés, mais il ne pouvait rien, et l'on ne manquait aucune occasion de le lui faire sentir. En vain essaya-t-il d'adoucir la rigueur royale. Le Roi savait bien profiter de la timidit un peu gauche de son fils pour le remettre à sa place dès qu'il essayait d'élever la voix.

Le maréchal d'Estrées, appelé au commandement, soutint mollement la lutte sans rien changer à la situation précaire des Français. Tout, d'ailleurs, venait accabler la France en ce moment. La défaite des flottes françaises, à l'aide desquelles Choiseul avait nourri l'espoir chimérique d'une descente en Angleterre, la prise de Québec dans le nouveau monde, malgré l'héroïsme de Montcalm, portaient au prestige des armes françaises sur tous les théâtres des coups irréparables. Tandis que Frédéric II savait, avec ce génie fécond et créateur que tout le monde a admiré, réparer ses défaites et surpendre l'Europe par une victoire quand chacun le croyait à bout de ressources, le duc de Choiseul essayait en vain de relever les affaires de la France. Après avoir conclu le fameux pacte de famille, qui unissait toutes les branches de la maison de Bourbon et devait nous donner une alliée maritime dans l'Espagne, il ne se vit pas moins contraint de demander la paix et d'accepter le traité le plus humiliant que la France ait eu à subir pendant de longs siècles. Tout le monde connaît les conditions de ce traité de Paris, qui ruinait pour toujours notre puissance coloniale. Après sept longues années de guerre, la France perdait le Canada et la plus grande partie des Indes. L'Angleterre restait maîtresse absolue des mers, et la Prusse, qu'on avait voulu anéantir, sortait de la lutte grandie et fortifiée. Le traité de Paris était la digne œuvre de madame de Pompadour, et la France recueillit les fruits amers de la honteuse faiblesse du Roi. Et ce qu'il y eut peut-être de plus affligeant dans cette phase lamentable de notre histoire, ce fut l'indifférence avec laquelle ces malheurs furent accueillis en France. Chose étrange, jamais elle n'avait été plus humiliée, plus déchue de son prestige militaire, mais jamais peut-être les Français ne se montrèrent moins sensibles à cet abaissement. Jamais ils ne furent si vite consolés de leurs revers, et pendant que Voltaire écrivait au roi de Prusse des lettres plus spirituelles que patriotiques, où il le loue des succès remportés contre les Français, les Parisiens prenaient leur parti de la perte du Canada en faisant des chansons contre madame de Pompadour. On pense aux Parlements, aux Jésuites, à la comédie, mais nul ne semble pleurer la gloire et la puissance de la France.

Il y eut cependant quelqu'un qui ressentit jusqu'au fond de l'âme la honte d'un pareil désastre. Le Dauphin aimait son pays, et il ne pouvait rester insensible au malheur qui le frappait. Sa douleur fut si vive qu'il la laissa échapper en termes d'une amertume inaccoutumée dans sa bouche. Il ne craignit pas à plusieurs reprises de nommer et d'accuser ceux qui étaient à ses yeux les véritables auteurs de nos désastres, la marquise et son favori. Il ne manqua pas d'auditeurs et de témoins officieux pour aller rapporter au ministre encore tout-puissant le langage de l'héritier du trône, et l'hostilité entre eux devint, à partir de ce moment, si évidente, que Choiseul ne songea plus même à sauver les apparences. Il parut se faire un point d'honneur de témoigner publiquement au fils de son Roi sa résolution de l'humilier et de l'annuler. Banni ainsi de toute influence dans le présent, le Dauphin reporta plus que jamais toutes ses pensées vers l'avenir, et il chercha la consolation de la douleur que ressentait sa piété filiale dans l'accomplissement de ses devoirs de père. L'éducation de ses enfants, qui grandissaient, devint sa principale occupation.

La Dauphine lui avait donné quatre fils qui se suivaient d'année en année et entrèrent en éducation presque tous à la fois. Le duc de la Vauguyon et l'évêque de Verdun furent leurs gouverneurs ; mais le Dauphin ne se crut pas déchargé parce qu'il leur avait donné des maîtres qu'il croyait dignes de ce titre. Il voulut surveiller lui-même la suite de leurs études, et choisit avec le plus grand soin tous les serviteurs qui les approchaient, précaution qui était loin d'être inutile à la cour. Il régla leurs travaux et leurs récréations : deux fois la semaine, le mercredi et le samedi, on amenait les jeunes princes Bourgogne, Berry, Provence et Artois, comme il les appelait, dans l'appartement de la Dauphine. Là, en présence de leur mère, le Dauphin les examinait lui-même sur leur travail et leurs devoirs. La Dauphine s'était chargée de l'histoire et de la religion. Le Dauphin s'était réservé l'étude des langues, pour lesquelles il avait toujours eu un goût particulier. C'était pour ces enfants un jour redoutable que ce jour d'examen ; tout ce que leur père disait faisait impression, et il cherchait à exciter leur émulation soit par des éloges, soit par des blâmes toujours également mérités. Le plan général et la direction des études étaient fixés par lui-même. Il surveillait aussi, avec la plus grande vigilance, les livres qu'on leur mettait entre les mains, se souvenant, disait-il, du mal que lui avait fait dans son enfance la lecture d'un mauvais roman qu'un domestique lui avait prêté. L'éducation donnée par le Dauphin à ses enfants était tendre, mais sévère. Il savait punir au besoin, avec une fermeté douce, mais inébranlable. Un jour, par exemple, que l'un d'eux, le duc de Berry, avait été paresseux dans son travail, le Dauphin, averti de la faute, lui interdit d'assister à la chasse de la Saint-Hubert qui devait avoir lieu quelques jours après. Or cette chasse était la plus brillante de l'année. On juge du désespoir de l'enfant, qui témoignait déjà un goût précoce pour la chasse. La Reine et ses filles implorent la grâce du coupable : le Dauphin résiste ; le Roi lui-même se met de la partie et dit à son fils : « Quand vous empêchez vos enfants de se trouver à mes chasses, c'est moi-même autant qu'eux que vous mettez en pénitence. » Le Dauphin réplique que le Roi est le maître, qu'il ne veut le contrarier en rien, mais qu'il considère la punition comme utile à l'enfant. Le Roi n'insista pas, et le duc de Berry n'alla pas à la chasse de la Saint-Hubert. Comme il arrive généralement, cette juste sévérité, bien loin de priver le Dauphin de l'affection de ses enfants, ne faisait que la rendre plus vive. Ils lui en donnèrent une fois une preuve touchante. Allant passer en revue les troupes du camp de Compiègne, il aperçoit le carrosse de ses enfants, le fait arrêter et met sa tête à la portière. Aussitôt toutes les petites têtes enfantines se précipitent à son cou et l'embrassent tendrement, donnant ainsi à la foule qui le regardait un touchant spectacle de l'union de cette partie de la famille royale. Tout en leur donnant le sentiment des devoirs que leur rang devait leur imposer, le Dauphin aimait à prévenir les sentiments d'orgueil que ce rang pouvait leur imposer. C'est ainsi qu'on le vit, lorsqu'on suppléa aux cérémonies du baptême des jeunes princes, se faire apporter les registres de la paroisse, et leur montrant que le nom d'un artisan précédait le leur : « Apprenez par là, dit-il, que tous les hommes sont égaux par le droit de la nature et aux yeux de Dieu qui les a créés. » — Cette maxime, sous sa forme un peu déclamatoire, n'étonnerait pas dans un des ouvrages philosophiques du dix-huitième siècle, mais elle devient originale dans la bouche du fils de Louis XV, appelé lui-même à monter sur le trône de France.

La main de Dieu, voulant éprouver jusqu'au bout cette âme d'élite, ne laissa pas longtemps au Dauphin les pures jouissances qu'il trouvait dans l'accomplissement de ses devoirs paternels. Le plus aimable, le mieux doué de ses fils était l'aîné, le duc de Bourgogne, dont le naturel ardent, un peu emporté, mais plein de générosité, était fait pour charmer le cœur d'un père. Cet enfant avait la passion de l'étude ; la lecture d'*Athalie,* faite à l'âge de huit ans, l'avait tellement transporté qu'à force de prières il avait obtenu de faire représenter la pièce, où il joua lui-même le rôle de Joas avec une grâce et une naïveté charmantes. Au même âge, il avait écrit de sa main un cahier sur les figures de géométrie. « Que je voudrais, disait-il une fois à la suite d'un examen, où il avait bien répondu, savoir quelque chose que papa ne sût pas ! »

L'histoire ne lui procurait pas moins d'attraits que les autres études. Il y puisait un sentiment profond de la grandeur de sa race : « Je descends au moins de saint Louis et de Henri IV », répondit-il un jour à son maître, qui lui disait que les rois de la troisième race ne descendaient pas du tout de la première. Le Dauphin s'appliquait à mener à bien cette ardeur précoce, à lui faire aimer la vertu, et lui enseignait lui-même la religion. Tant de soins furent inutiles, une mort prématurée vint enlever au Dauphin cet enfant qui avait la première place dans son cœur. Au mois de mai 1761, le jeune prince fut atteint subitement d'un mal violent à la hanche, dont on ne fut pas averti tout de suite. On ne tarda pas à en reconnaître l'extrême gravité. Un abcès très-dangereux se déclara bientôt, et les jours de l'enfant furent menacés. Pendant onze mois il languit sous le coup de ce mal qui ne pardonne pas. Il fut impossible de le sauver. A

deux ou trois reprises il alla mieux, et l'on eut de
l'espoir. Aussitôt il voulait reprendre ses études.
« J'ai grand'peur d'oublier et grande envie d'apprendre », disait-il. Le duc de Bourgogne montra
un courage héroïque dans cette maladie. Sa fermeté ne se démentit pas un instant. Il subit plusieurs opérations fort douloureuses sans une
plainte ou un soupir. Sa fermeté, même, était
la cause première de son mal. Une fois malade,
il avoua que, plusieurs mois auparavant, pendant
qu'il jouait avec un enfant de son âge, celui-ci
l'avait poussé, et qu'il avait fait une rude chute.
A la vue du désespoir de son camarade, il lui
avait promis de se taire afin de lui éviter une punition. Il tint si bien sa promesse, que ce ne fut
que lorsque le mal était déjà incurable qu'on
s'aperçut des suites de cet accident, qui, soigné à
temps, eût peut-être été sans gravité. Ce trait de
courage, qui serait remarquable chez tous les enfants, l'est encore bien plus chez un enfant royal,
habitué par la force même des choses à se mettre
lui-même au-dessus des autres.

J'ai trouvé de ce même duc de Bourgogne un

trait absolument contraire, qui fera peut-être res-
sortir la beauté de son silence imperturbable sur
l'auteur de sa blessure. Lors de la bataille de Rosbach, voyant la tristesse peinte sur tous les vi-
sages : « Pourquoi donc est-on triste? répétait-il,
je me porte parfaitement bien. » Il y a loin de ce
tranquille égoïsme d'un enfant habitué à passer
partout le premier, à l'acte de vrai désintéressement que nous venons de rapporter.

Malgré les soins persévérants de la Dauphine
et les ferventes prières des deux époux, dont
l'âme était désolée, le pauvre petit duc de Bourgogne mourut le 11 mai 1761, à l'âge de neuf ans.
On avait eu le temps de l'instruire et de lui faire
faire sa première communion. La maladie hâtant
le développement d'une intelligence naturellement précoce, la ferveur et la foi du petit malade,
dans ses derniers moments, furent admirables. Il
se sentit mourir pendant les longs mois de souffrance, et comprit que Dieu lui demandait le sacrifice de sa vie. Il le fit avec cet héroïsme de foi
dont les enfants ont parfois le privilége. Épuisé
de souffrances, il disait lui-même qu'il n'en pou-

vait plus. Il expira doucement en répétant deux fois : « Maman, maman. » Une si belle mort dans un âge si tendre frappa vivement les contemporains, et l'on put dire, dans un éloge officiel, sans que personne y contredît, que le duc de Bourgogne avait souffert en héros et était mort en saint [1].

Le coup fut terrible pour le Dauphin et sa femme ; c'était leur enfant chéri qui leur était ainsi enlevé, et toute la résignation chrétienne de leur âme put à peine en calmer la douleur. Il est facile de juger des sentiments du Dauphin par ces lignes qu'il écrivait à son correspondant ordinaire, l'Évêque de Verdun :

« Tourolles (le valet de chambre du jeune prince) est actuellement à mon service. C'est une consolation pour moi de pouvoir lui parler à tout moment de son pauvre petit maître. Mais cela, joint à ce que Berry occupe son appartement où j'ai été ces jours-ci pour m'y accoutumer, a rouvert ma plaie. Les lieux, les murailles mêmes, me rappellent ce que nous avons perdu comme le

[1] THOMAS, *Éloge du duc de Bourgogne.*

15.

ferait un peintre. Il semble que j'y vois ses traits gravés, que j'entends sa voix. L'illusion est bien plaisante et bien cruelle. » L'ébranlement que sa santé ressentit de cette secousse commença à donner de véritables inquiétudes. Tournant plus que jamais sa pensée vers l'éternité, comme s'il sentait qu'il était destiné à y entrer bientôt, il se donna tout entier aux pieuses occupations dont nous avons déjà parlé. C'est à cette époque qu'il faut rapporter de remarquables réflexions sur des vérités religieuses qu'on trouve toutes écrites de sa main et dont nous donnerons quelques extraits. Il ne craignait point de montrer sa piété aux yeux de la Cour, et, sans faire d'embarras ni d'étalage, il imposait à tous le respect sur ces sujets, au moins en sa présence. Semblable en ceci à son grand-père, le duc de Bourgogne, il ne se bornait pas à de vagues paroles ou des marques extérieures de dévotion. La méditation des Pères et la prière le soutenaient dans la voie élevée qu'il avait choisie. Voici quelques fragments de ces méditations qui montrent quelles étaient l'ardeur et la sincérité de sa foi.

« Les affaires, pour être bien traitées, demandent du soin, de l'application et de la suite. Mais
si l'on y mêle trop d'empressement, de l'agitation
et du souci, au lieu de les avancer, on les recule.
Donnons à chaque chose le temps nécessaire ; la
précipitation produit souvent les mêmes effets que
la lenteur, et elle est elle-même produite par la
paresse. Dieu nous a confié le soin de nos affaires ;
il veut que nous les conduisions nous-mêmes, que
nous nous en occupions (nous), que nous les sui-
vions avec attention, mais sans perdre jamais de vue
l'affaire principale, celle du salut, à laquelle toutes
les autres sont subordonnées et doivent nécessairement se rapporter. Procurons le succès de nos
affaires par toutes sortes de moyens justes et honnêtes ; mais traitons-les avec cette tranquillité et
cette sorte de détachement que des chrétiens doivent avoir pour tout ce qui appartient à la terre.
Surtout ne perdons jamais de vue Celui à qui nous
devons rapporter notre travail ; recourons à lui
dans les difficultés, implorons ses lumières dans
nos doutes, bénissons-le dans nos succès, offrons-
lui nos revers. La parole de Dieu doit être écoutée

avec une sainte avidité, beaucoup d'attention et
un grand respect. Si nous voulons que Dieu nous
écoute lorsque nous le prions, écoutons-le nous-
mêmes quand il nous instruit. Écoutons la parole
de Dieu et non les discours de l'homme ; détour-
nons notre esprit d'une éloquence humaine pour
ne l'appliquer qu'aux vérités éternelles. Si la parole de Dieu n'a pas servi à notre sanctification,
elle déposera un jour pour notre condamnation.
Les entretiens avec les gens de bien et les lectures
de piété peuvent produire les mêmes effets que les
sermons. Nous trouvons dans la vie des saints de
quoi admirer et imiter. Sans sortir de notre état,
nous pouvons pratiquer quelque chose de la fermeté des martyrs, du zèle des pontifes, de la pureté des vierges. »

* * *

« S'il arrive qu'en accomplissant les devoirs de
la piété on soit tourné en ridicule par les insensés,
on doit s'en réjouir à l'exemple de David qui, se
voyant blâmé de s'être livré aux saints transports

de sa joie, en dansant devant l'arche du Seigneur, témoigna qu'il se tiendrait toujours honoré de pareilles railleries. Malheur à celui qui, voyant qu'il est encore sujet à beaucoup d'imperfections, se laisse aller au découragement et à la tentation d'abandonner le service de Dieu. Ce n'est pas être vaincu que d'être tenté ; on n'est vaincu que par le seul découragement, et pour être vainqueur il suffit de vouloir toujours combattre. »

***

« Souvent les princes se regardent comme des dieux parce qu'ils se ressentent à peine des misères humaines ; l'illustration des aïeux, la faveur des grands, celle même de la multitude, sont des avantages d'opinion. »

***

« La magnificence dont se repaît la vanité de tant d'hommes n'est que e fruit des richesses, avantage purement extérieur et qu'on ne saurait, sans extravagance, considérer comme inhérent à la personne qui le possède. Les grâces extérieures, la beauté de la figure, celle même de l'esprit, sont des dons de la Providence purement gratuits. La science même, acquise par le travail, perd son mérite ; elle n'est plus que pédanterie quand on s'étudie à la faire valoir. Les titres et les honneurs dans lesquels on voit qu'un homme place sa vanité le dégradent au lieu de l'élever ; on sent qu'il n'est pas né pour en jouir. »

* * *

« L'homme modeste ne cherche d'autre gloire que celle qui est attachée à la solide vertu, ne daigne pas même fixer ses regards sur ces distinctions frivoles. La vaine gloire et la réputation sont choses fort différentes : on doit fuir la vaine gloire et conserver sa réputation. On ne doit cependant pas porter cet amour de la réputation jusqu'aux excès de la délicatesse, car la réputation n'est pas comme une enseigne qui indique où réside la vertu. Ainsi, le plus sûr moyen d'as-

surer notre réputation, c'est de nous attacher à
la vertu. »

*
* *

« A la mort, le monde finira pour moi, tous les
objets qui m'attachent me seront enlevés, tous
les plaisirs et leur fausse joie ne me paraîtront
plus que des fantômes trompeurs. Mon corps,
cadavre hideux, deviendra la pâture des vers,
mais quelle sera la destinée de mon âme ? La
perdre pour l'éternité serait le plus grand des
malheurs ; point d'efforts donc, point de sacri-
fices qui doivent me coûter pour l'éviter. »

*
* *

« Quelle idée, Seigneur, nous donne de votre
puissance ce vaste univers ! Vous seul l'avez fait
sortir du néant ; un seul acte de votre volonté fit
en un instant ce que tout notre esprit ne saurait
même comprendre. Il ne vous en coûte pas davantage pour donner la première existence à ce

monde visible, qu'il ne vous en coûte aujourd'hui pour le conserver; une sagesse infinie dirige en vous un pouvoir sans bornes.

« Cette sagesse vous désigne le moment prévu de toute éternité, où la matière devait prendre son commencement; alors elle fut créée et reçut de vous toutes les propriétés qu'il vous plut de lui communiquer.

« Dans un aussi grand ouvrage que celui de la création, votre propre gloire fut le seul motif digne de vous faire agir; qu'il soit aussi, ô Dieu souverainement parfait, le seul qui règle nos pensées, qui anime nos volontés, qui dirige nos actions.

« Que les biens sensibles qui nous environnent nous rappellent sans cesse ceux qui nous attendent dans le ciel. La terre n'est qu'un passage, c'est un lieu d'épreuves. Il n'est point d'autre lieu de repos pour nous, Seigneur, que celui que vous nous réservez dans votre gloire.

« Que de prodiges de puissance et de sagesse sont renfermés dans le globe que vous nous avez donné pour demeure! Partout on y reconnaît une

main bienfaisante occupée à pourvoir à nos be-
soins, et qui multiplie tous les jours, en notre faveur, les victimes de ses libéralités.

« La terre ouvre son sein sous nos pieds pour
fournir à notre nourriture. L'émail des prairies,
le cristal des eaux, la variété des plantes, offrent
à nos regards un spectacle enchanteur. Quelle
abondance de biens de toute espèce la providence
du Seigneur nous procure! Serions-nous assez insensés pour méconnaître Celui même de qui nous
tenons tout ce qui sert à nos usages? La terre est
au Seigneur avec tout ce qu'elle renferme; il y
commande en maître aux éléments insensibles.
Mortels, admirez donc ce que peut votre Dieu. Il
dit : « Que la lumière soit faite! » et la lumière est
faite. Appliquez les yeux de votre esprit à ce qui
frappe ceux de votre corps. Quelle autre leçon
serait nécessaire pour vous apprendre à reconnaître sa puissance et à lui rendre vos hommages?

« Vos ouvrages, Seigneur, sont aussi incom-
préhensibles que votre essence. Par quelles
secrètes lois dirigez-vous la nature? Que de
mystères renfermés dans ses plus communes opé-

rations! Les reptiles de la terre et les insectes de l'air ne nous découvrent pas moins votre puissance que les monstres marins ou ceux qui habitent les foréts. Dans tous les animaux répandus sur la surface de la terre, je découvre votre immensité et la merveilleuse diversité que vous savez mettre dans vos ouvrages. Le soleil brille d'un éclat que nos yeux ne peuvent soutenir. Ses feux, sans se perdre, se communiquent à toute la nature et la vivifient. Image et instrument de votre puissance, Seigneur, cet astre nous peint vos grandeurs et nous transmet les bienfaits de votre providence paternelle.

« Les cieux annoncent la gloire de Dieu, et le firmament publie qu'il est son ouvrage. Eh! quel autre que le Tout-Puissant aurait pu suspendre sur nos têtes cette multitude de globes lumineux, assigner à chacun leur place, le cercle qu'ils doivent décrire et l'ordre immuable qu'ils doivent suivre?

« Oui, Seigneur, la vue du ciel matériel nous élève jusqu'à celui que vous habitez; notre esprit s'élance à travers ces espaces immenses pour pénétrer jusqu'à votre sanctuaire. Ah! l'heureux instant où il nous sera donné de vous voir sans nuages, de vous contempler sans cesse, de vous aimer sans partage !

« O vous, la lumière de nos âmes, dissipez les ténèbres qui les enveloppent, découvrez-nous la grandeur de votre Être, la sainteté de vos lois, l'immensité de vos récompenses, et qu'uniquement occupés de ces objets, nous ne soyons plus distraits et arrêtés par l'éclat des vanités du siècle.

« Votre trône, ô Roi des rois, est environné d'une foule d'esprits bienheureux occupés à contempler vos perfections. Quand nous sera-t-il donné d'être admis parmi eux et de mêler nos voix à leurs sacrés cantiques? O séjour fortuné, où les anges et les élus s'enivrent sans cesse d'un torrent de délices! Bonheur parfait! félicité inaltérable! Vous nous permettez d'y aspirer, Seigneur, et vos lois saintes n'ont pour but que de nous y conduire. Sans quitter la demeure inaccessible de votre gloire, vous rapprochez les cieux de la terre; vous permettez qu'on vous y élève des temples, et vous les remplissez de votre présence, afin que nous puissions vous y présenter nos vœux et y recevoir l'abondance de vos grâces. N'envions donc plus aux esprits célestes la présence du Tout-Puissant; nous jouissons du même bonheur. Dieu réside parmi nous sous les voiles eucharistiques; environnons sans cesse son autel et présentons-lui, avec un cœur pur, l'encens de nos louanges et de nos prières. »

* * *

« Vous avez daigné, Seigneur, nous prescrire les règles de notre conduite. Nous avons entendu votre voix, qui nous a dicté les lois que nous devons suivre, lois saintes et immuables qui, en assurant notre félicité sur la terre, nous conduisent encore à un bonheur éternel dans le ciel. Non content d'avoir instruit l'homme par la publication de la loi ancienne et nouvelle, vous daignez encore lui parler en secret par vos inspirations et par votre grâce. Il ouvre ses lèvres pour prier; une voix intérieure répond à ses demandes et l'instruit sur ses devoirs.

« Quelles pensées avais-je, ô mon Dieu, lorsque je ne pensais point à vous? De quoi m'occupais-je quand je vous oubliais? Quelles étaient mes affections insensées lorsque je ne vous aimais pas? Créé pour le vrai, je me réjouissais de la vanité, je me soumettais au service d'un monde qui n'est créé lui-même que pour vous servir; vous serez désormais, Seigneur, les délices de mon cœur et l'unique objet de mes affections. Vous n'avez besoin, Seigneur, pour votre gloire, ni d'adorations ni de louanges; vous ne les exigez de notre part qu'afin d'avoir à nous récompenser de la fidélité avec laquelle nous nous en acquittons. Serions-nous assez insensés pour vous refuser un tribut qui, par vos bontés, tourne à notre propre avantage? C'est à votre ressemblance, Seigneur, que vous avez créé l'homme; quelle sublime destinée! Il doit donc participer à l'élévation de vos vues, à la droiture de vos jugements et à la perfection de vos actions; il doit être saint parce que vous l'êtes vous-même. »

Cette foi si profonde et si vive ne fait-elle pas impression, quand on songe au lieu et au temps où vivait le Dauphin? Quelle force mystérieuse n'y a-t-il pas dans cette religion, qui accomplissait ainsi à la lettre cette parole de l'Apôtre : « Tout est pur pour les purs. » Sa vie s'écoulait sans reproches au milieu d'une société corrompue, et sa fermeté d'âme était d'autant plus remarquable que, comme nous l'avons dit, elle ne lui faisait pas fuir le commerce de ceux qui ne pensaient ni ne vivaient comme lui. Il savait que, comme souverain, il devait un jour employer tous les serviteurs utiles et instruits, sans s'inquiéter trop exactement de leurs sentiments religieux. A ce sujet, il faisait remarquer que saint Louis, suivant Joinville, confiait ses troupes à des officiers très-déréglés. Il admirait beaucoup l'habileté militaire de Henri IV avant son abjuration. Ayant vu un jour quelque part que madame de Maintenon avait dit de Catinat : « M. de Catinat sait son métier, mais il ne connaît pas Dieu », et là-dessus avait nui à ce capitaine dans l'esprit de Louis XIV : « On aurait pu répondre à madame de Maintenon, dit-il, que si un général ne connaît pas Dieu, il faut le plaindre;

puis, s'il connaît son métier, il faut l'employer. »

« Quand on voit des hommes, ajoutait-il, qui font profession de piété, briguer ou recevoir des emplois dont ils s'acquittent mal, leurs fautes et leur incapacité ne servent qu'à rendre la piété odieuse et la religion méprisable. » C'est ainsi que tout en conservant avec une tranquille fermeté la vivacité de ses opinions religieuses, le Dauphin savait imposer, même à ses ennemis, le respect d'une piété dont l'ardeur n'eût jamais pu le rendre aveugle au bien de l'État.

CHAPITRE VIII

Dissolution des Jésuites. — Premières atteintes du mal. — Mort
de madame de Pompadour. — Camp de Compiègne.

Depuis l'attentat de Damiens, le Dauphin,
voyant que toute lutte devenait impossible, s'était
plus que jamais retiré dans une muette opposition, qui n'empêchait rien, mais avait au moins
l'avantage de ne pas lui faire encourir la responsabilité de tout ce qui se faisait. Jamais il ne sortait de cette réserve prudente qu'on lui a vu garder
depuis son enfance. Il donnait son avis au conseil
en toute sincérité et sans restriction, mais n'essayait pas de le faire prévaloir, tentative qu'il
savait devoir être parfaitement inutile. Personne
n'ignorait qu'il était opposé au Parlement et à
la politique du duc de Choiseul. L'hostilité entre
le prince et le ministre devenait chaque jour plus
vive. Choiseul, certain d'être mis de côté si le
Dauphin prenait une influence quelconque sur

son père, employait tout son esprit à jeter du ridicule sur la vie austère du Dauphin. Le parti dévot, de son côté, attaquait Choiseul avec violence. Le Dauphin se tenait en dehors de ses luttes, où il n'aurait pu que se diminuer, comprenant que le silence et la tranquillité dans le silence sont toujours plus dignes lorsqu'il est manifestement impossible de rien obtenir.

Il vint cependant un jour où le Dauphin dut sortir de cette réserve prudente qu'il s'était imposée comme règle de conduite. Il lui fallut rompre le silence lorsque sa conscience lui fit un devoir de s'opposer de toutes ses forces à la lutte fameuse que le Parlement soutint contre la Société de Jésus et qui aboutit à la suppression de l'Ordre. Chacun connaît l'histoire de ce procès de Jésuites, qui fut l'objet de si vives altercations au siècle dernier. Défenseurs dociles de la bulle *Unigenitus,* les Jésuites s'étaient attiré toute la haine des parlements, qui étaient, en grande partie, composés de jansénistes ardents. Les nombreux établissements d'éducation dirigés par l'Ordre augmentaient l'inimitié des parlementaires, qui voyaient la jeunesse entre leurs mains. Enfin le parti philosophique, toujours empressé de se joindre à toute entreprise qui pouvait affaiblir la religion d'une façon quelconque, s'était fait, dans cette lutte, l'auxiliaire ardent des jansénistes, et ne cessait de poursuivre la Société de Jésus. Madame de Pompadour, elle aussi, était devenue leur ennemie acharnée, depuis le jour où le Père de Sacy avait refusé de l'absoudre si elle ne quitait la cour. Outrée de ce refus, la marquise travailla de tout son pouvoir à nuire à la Société dans l'esprit du Roi. Ainsi se forma contre les Jésuites une sorte de conspiration qui, au premier prétexte venu, devait causer leur ruine. Un procès financier malencontreusement engagé vint à point pour servir l'entreprise, et Louis XV, entraîné par l'exemple des autres cours de la Maison de Bourbon, céda à tant d'influences diverses.

Le Dauphin était trop profondément religieux pour ne pas voir avec douleur les attaques incessantes dirigées contre un corps qu'il estimait et dont il savait l'utilité. Il avait, de plus, une grande reconnaissance envers le parti des Jésuites, qui était le seul en France qui lui fît l'honneur de lui croire quelques talents.

Voyant quel danger courait la Société, il se résigna à faire un effort auprès du Roi afin de la sauver d'une ruine totale. Cependant, naturellement modéré, et ne voulant s'engager trop avant dans une cause que le Roi allait peut-être condamner, craignant, de plus, de nuire aux intérêts mêmes qu'il voulait servir, s'il mettait trop d'insistance, il apporta beaucoup de mesure dans son intervention. D'abord, il présenta au Roi un mémoire signé de quarante-deux évêques qui protestaient contre les arrêts du Parlement et demandaient à avoir communication des Institutions des Jésuites pour aviser eux-mêmes, en vertu de leur droit épiscopal, s'ils y trouvaient quelque chose de répréhensible. Ce ne fut qu'à l'abri de cette autorité qu'il se hasarda lui-même, dans un second mémoire, à présenter ses observations.

« La suppression des Jésuites est demandée par le Parlement, était-il dit dans cet écrit, pour affaiblir l'autorité du Roi et reculer indéfiniment leur obéissance à la volonté du Roi dans les affaires politiques et financières. » Mais le mémoire allait plus loin. On y accusait vivement le duc de Choiseul d'être en intrigues continues avec le Parlement, et d'accord avec eux dans leur opposition au Roi. Ce mémoire avait été rédigé, dit-on, par le duc de la Vauguyon ou par un Père Jésuite distingué, le Père de Neuville. Le Dauphin le remit sans l'accompagner d'aucun commentaire et rentra dans le silence. C'est alors qu'eut lieu l'étrange incident auquel nous aurions peine à croire si les récits du temps n'étaient unanimes à le rapporter. Voici ce récit, que nous laissons au jugement du lecteur à apprécier à sa juste valeur.

Le Roi, après avoir reçu le mémoire, se montra fort ébranlé dans son estime pour le duc de Choiseul, qu'il trouvait bien, en effet, depuis longtemps, un peu plus parlementaire qu'il n'était de son goût. Le duc ne tarda pas à s'apercevoir de la froideur du Roi, et fit part de ses craintes à madame de Pompadour. Celle-ci avait été instruite par le Roi de la démarche du Dauphin, mais lui avait promis de ne rien dire au ministre. Après quelque hésitation, craignant pour son propre pouvoir si le duc de Choiseul était disgracié, elle se décida à lui faire part de la confidence royale. Là-dessus, Choiseul, furieux, va trouver le Roi et lui offre sa démission avec une froideur hautaine qu'il savait plus propre à l'intimider qu'une attitude plus violente. Le Roi, toujours indécis, refuse la démission, et, poussé par madame de Pompadour, livre le mémoire au ministre, auquel il permet de se disculper. C'était assurer la victoire de Choiseul. Certain d'avance d'être cru, il accuse le mémoire d'être l'œuvre des Jésuites eux-mêmes et demande la permission d'en rechercher l'auteur. Le faible souverain le laisse agir, et Choiseul, après avoir fait semblant de chercher avec soin le nom de l'auteur incriminé et fait comparaître divers témoins qu'il interroge comme dans une affaire de justice, finit par annoncer qu'il l'a découvert, et nomme le Dauphin. Il va le trouver lui-même, se disculpe avec hauteur des accusations que le prince a portées contre lui, s'emporte dans sa harangue, et finit par des reproches outrageants, qui se traduisent par cette phrase, d'une incroyable insolence : « Je puis, Monseigneur, avoir le malheur d'être votre sujet, mais je ne serai jamais votre serviteur. »

Le Dauphin, justement offensé, sort immédiatement de son appartement, va chercher le Roi et demande justice de l'outrage. Tout ce qu'il obtient du Roi est cette réponse : « Le mémoire a mis Choiseul bien en colère », et aucune supplication ne peut lui arracher un mot de plus. Et le duc de Choiseul jouit en paix du plaisir d'avoir offensé impunément le premier prince du sang.

Voilà l'histoire que racontent plusieurs écrivains dans leurs mémoires. Elle nous paraît, nous devons le dire, absolument invraisemblable. Louis XV, malgré sa faiblesse et son indécision, était, on le sait, un gardien très-scrupuleux de la dignité royale, et jamais il n'eût permis, même à un ministre favori et tout-puissant, d'insulter ainsi son propre fils. Il ne faut donc ajouter que peu de foi à cette anecdote dont le fondement repose sans doute sur l'inimitié ouverte qui régnait entre le Dauphin et le duc de Choiseul. Elle n'est rapportée ici qu'à titre de renseignement curieux sur la violence des dissentiments qui régnaient alors à la cour. Il est nécessaire de rejeter aussi comme tout à fait controuvés divers autres récits du même genre. Il y en a qui deviennent presque comiques à force d'exagération. Ainsi, un de ces faiseurs d'his-toires raconte que le duc de Choiseul, chargé de ridiculiser le Dauphin aux yeux du Roi, l'accusa de se donner tous les soirs la discipline en habit de Jésuite, et, pour prouver son dire, il aurait montré au Roi la silhouette d'un homme ressem-blant au Dauphin couvert d'une soutane. Un autre attribue au ministre et à madame de Pompadour un affreux libelle qui parut à cette époque et exci-tait ouvertement à empoisonner le Dauphin. Les plus modérés accusaient seulement le duc de Choi-seul d'avoir fait voler les papiers du prince afin d'en avoir connaissance. Ces contes ridicules prou-vent seulement la violence de l'animosité qui exis-tait entre le Dauphin et le ministre favori du Roi et de madame de Pompadour. L'hostilité était si grande, que la mort même du Dauphin ne put l'apaiser. Les sœurs du prince élevèrent ses en-fants dans la haine du duc de Choiseul, et, plus tard, rien ne put vaincre l'antipathie de Louis XVI contre lui; même les efforts de Marie-Antoinette furent impuissants, et le duc de Choiseul mourut dans la disgrâce. Le jeune Roi ne faisait en cela qu'obéir aux conseils de son père qui, dans ses instructions secrètes, écrites à son usage, lui avait recommandé de ne jamais rendre sa faveur à ce ministre.

Quoi qu'il en soit, le Dauphin perdit sa cause. Il ne put rien pour les Jésuites, et se compromit inutilement. Il eut même lieu de craindre qu'on n'éloignât le duc de la Vauguyon et qu'on le remplaçât, auprès des enfants de France, par quelque créature de madame de Pompadour. La Dauphine, toujours bien vue du Roi, parvint à détourner ce nouveau coup. Mais elle perdit un précieux auxiliaire pour l'éducation des jeunes princes, le Père Berthier, qui était chargé de leur instruction religieuse. Ces désagréments personnels, et même le chagrin que lui causait la suppression d'un Ordre qu'il estimait, n'étaient rien auprès de la douleur qu'il ressentait de rester témoin impuissant de la faiblesse du Roi, qui perdait la religion et la France.

En effet, le Roi ne cachait pas qu'il cédait à contre-cœur, et ne partageait nullement les préventions du Parlement et du ministre contre la Société de Jésus. « Pour la paix de mon royaume, si je les renvoie contre mon gré, du moins ne veux-je pas qu'on croie que j'ai adhéré à tout ce que les parlements ont fait et dit contre eux. » Voilà ce qu'il écrivait à Choiseul. De semblables paroles dans la bouche de celui qui, ayant le pouvoir absolu, est tenu de l'exercer selon sa conscience, ne font-elles pas bien connaître ce qu'était devenu le pouvoir entre les mains débiles de Louis XV? Aussi le Dauphin, témoin de cette défaillance, ne put-il s'empêcher de s'écrier : « Il n'est pas nécessaire au royaume qu'il y ait des Jésuites; il est nécessaire qu'il n'y ait qu'une autorité. » C'est à cette époque également qu'il écrivait à l'évêque de Verdun, son ami, une lettre où il épanche son cœur au sujet de ces misères politiques, avec plus de franchise qu'il ne s'en permettait d'ordinaire. Quelques expressions mêmes se ressentent de la liberté de langage qui était alors permise dans les compagnies les plus choisies. On verra aussi, dans les premières lignes, que le Dauphin savait qu'il était surveillé de près, et que ses lettres n'auraient pas circulé en secret si elles n'avaient été confiées à une occasion sûre.

« Juin ou juillet 1762.

« Mon courrier, qui est en vérité fort honnête, mon cher évêque, vous remettra cette lettre, et je ne suis pas fâché d'avoir cette occasion, car sans cela nous pourrions charger le gazetier de notre correspondance ; aussi elle n'est pas bien vive ; tout ce qu'il me faut, c'est de savoir souvent que vous vous portez bien. D'abord, parlons Jésuites. J'ignore ce qui arrivera ; au moins, tout ce que je sais certainement, c'est que l'appel comme d'abus sera plaidé et reçu, et l'Institut détruit. Mais comme il y a encore plusieurs formes de destructions, comme de les laisser s'éteindre en les réunissant tous dans quelques maisons, ou bien de ne leur point laisser de maisons et de les laisser aller où ils voudront, ou bien le bannissement du ressort, je ne sais à quoi le jansénisme, la jalousie, la rancune, la faiblesse, la peur, l'indifférence aboutiront, car il faut mêler tout cela ensemble et juger ensuite de l'effet que cela produira, et je crois que Lucifer, auteur de tout cela, y serait bien embarrassé. On espère encore que Bordeaux, Toulouse et Aix ne feront pas grand'-chose, car les Jésuites ont, dans les trois cours, un nombre considérable d'amis déclarés. Mais ils n'ont pas la pluralité jusqu'à présent, et l'on travaille à la faire arriver. Le chancelier a écrit, mais je crains d'autres écritures que l'on sait fort bien en province être plus accréditées que celles du chef de la justice. Pour moi, je ne vois qu'une mauvaise volonté si déclarée et si claire qu'il n'y a rien de bon à en attendre. Comme je ne compte pas vous revoir de l'année et que je vous exile jusqu'après Pâques prochain, quoi qu'en puisse dire mon cœur qui en murmure, mais qui vous dicte cet ordre souverain, il faut que je vous consulte sur un cas de conscience très-important, et vous me répondrez quand le même courrier, le même, et pas un autre, reviendra. Les bruits sont souvent avant-coureurs des événements : on parle de faire le procès à l'archevêque pour le rendre incapable d'exercer ses fonctions et qu'elles passent entre les mains du chapitre qui deviendra le synode de Dordrecht; on parle de prendre un tiers des biens de l'Église; on parle que le Parlement veut retrancher le serment des évêques « *Ego N.* « *electus ecclesiæ N.* » On parle d'interrompre encore davantage toute correspondance avec Rome, que nous autres gallicans nous appelons néanmoins le centre de l'unité, et autres actes de protestantisme qui ne me reviennent pas à présent. Dans le cas où je verrais qu'on voudrait faire quelqu'une de ces choses, et qu'après m'y être opposé mon crédit serait aussi brillant que dans l'affaire des Jésuites, ne ferais-je pas bien, après une bonne et belle protestation, de me retirer du conseil, afin de faire connaître indubitablement ma façon de penser et ne point participer à l'iniquité et peut-être faire faire des réflexions plus sérieuses? Je sais bien que peut-être on sera bien aise d'y être débarrassé de ma présence et que l'on aura ses coudées plus franches; mais comme je n'empêche rien et qu'y étant j'aurais l'air d'auto-

riser ce qui se ferait, je pense que je devrais m'en
retirer, et qu'en pensez-vous? Réfléchissez-y bien.
L'assemblée donne de l'argent et puis quelques
avis, et puis chacun s'en ira. Je vis hier notre
pauvre archevêque, toujours tranquille et tour-
menté. Le cardinal de Rochechouart est arrivé;
j'ai grande impatience de causer un peu avec lui
pour savoir des nouvelles des dispositions de
Rome et des tours qu'on lui joue, je crois, perpé-
tuellement. Il est un peu vieilli, mais il se porte
bien. Les affaires politiques ne vont pas mieux
que la religion. L'autorité diminuée de moitié,
l'Amérique perdue et une guerre ruineuse et sans
fruit m'annoncent le reste de ma vie, contrarié,
géné et humilié pour qui voudrait jouer un rôle
dans l'Europe; mais je vis pour mes enfants, et de
longues années d'économie et de fermeté les met-
tront en état de faire ce que je ne pourrai jamais.
Ils font toute ma consolation, et effectivement
ils sont polis et apprennent tout ce qu'on veut.
Berry fait de grands progrès dans le latin et d'é-
tonnants dans l'histoire, qu'il retient par les faits
et la chronologie comme il faut pour lui, avec

une mémoire admirable. Celle de Provence est encore supérieure par sa facilité, et, en un mot, vous ne sauriez croire ce qu'il s'est fourré de mots latins dans la cervelle. Tout ce que je souhaite, c'est qu'il reste encore de quoi raccommoder un jour et que tout ne soit pas perdu avant la fin de leur éducation. La duchesse de Choiseul se brouille avec celle de Grammont; cela doit tourmenter le duc. Il est toujours au pinacle; on dit pourtant qu'il a eu une querelle avec le contrôleur général qui lui a demandé s'il prétendait ordonner de tout et lui a résisté ainsi en face. On dit que l'évêque d'Orléans donnera un évêché pour une place de fermier général, et que Fleury a refusé Tulle pour être confesseur du Roi, après l'expulsion des Jésuites. Le curé de Saint-Benoît vient de faire une belle amende honorable à l'archevêque; mais celui-ci prétend que, s'il en revient, il retournera à ses premiers sentiments et sera aussi soumis que par le passé aux ordres du souverain, qui lui avaient été, dit-il, manifestés par Bernis, Orléans et Lyon. Aussi est-on bien occupé ici à empêcher l'assemblée de parler de l'affaire des hospitaliers de Saint-Marceau. L'œil de Pompon [1] va bien, du moins on n'en parle plus. Le pis aller serait que ce fût une méchante borgnesse. Vous ne vous doutiez pas que l'achat de Champrosé et d'Armainvilliers fût fait pour un général des Suisses. Berryer se porte mieux et n'a plus d'attaques; je crains toujours de le voir gigoter au conseil. Adieu, point de réponse jusqu'au départ de mon courrier. Je vous aime tendrement. »

L'espoir du Dauphin devait être trompé. La politique de Louis XV acheva de tout « brouiller », et toute la bonne volonté de son successeur ne sut rien « raccommoder ». Le Dauphin résolut apparemment le cas de conscience qu'il posait à l'évêque de Verdun de manière à lui permettre de rester au conseil, et quand le moment vint d'opiner, il se borna à dire qu'en honneur et en conscience, il ne pouvait adhérer à de tels actes. La Reine lui ayant demandé quel était son avis, il lui raconta ce qu'il avait dit, en se bornant à

---

[1] Sobriquet donné par le Dauphin à madame de Pompadour qui avait alors mal aux yeux.

ajouter : « Mais le Roi a jugé à propos de compter les voix. » Singulière fantaisie d'un souverain absolu qui choisissait à son gré ses ministres, que de se conformer ensuite à une majorité qu'il dépendait de lui de déplacer.

Après cette preuve de son impuissance, le Dauphin n'insista plus et annula volontairement son rôle au conseil. Le chagrin qu'il éprouva fut si vif, qu'une seconde fois sa santé en ressentit l'atteinte, et on le vit dépérir comme s'il était frappé de consomption. A force de courage, cependant, il prit le dessus, se remit patiemment à l'œuvre dans ses modestes travaux. « Le Dauphin a été longtemps qu'il maigrissait, dit l'avocat Barbier, en janvier 1763, et paraissait être d'une mélancolie inquiétante. Mais on dit à présent qu'il se porte mieux et qu'il a repris sa gaieté. »

L'année 1764 fut témoin d'un événement qui, s'il fût arrivé dix ans plus tôt, eût peut-être changé les destinées de la France. Madame de Pompadour, après avoir langui quelque temps, mourut à Versailles le 16 avril de cette année. Cette femme, qui avait exercé une influence si funeste

sur le Roi et déconsidéré la monarchie, déploya
une fermeté remarquable à ses derniers moments.
Elle vit tranquillement venir sa fin et s'y prépara
avec courage. Chacun suivait avec anxiété cette
maladie dont le terme allait changer la face de la
cour. Le Dauphin avait trop souffert de l'existence
de la marquise, pour ne pas partager la curiosité
générale. Il se faisait peu d'illusion cependant.
Il avait sondé à fond le caractère de son père et
le connaissait trop bien pour espérer qu'un événement intérieur, quel qu'il fût, pût l'arracher
aux funestes habitudes dont le pli s'était pour
ainsi dire pris chez lui avec les années. Il écrivait, la veille, à l'évêque de Verdun, à Versailles,
le 15 avril 1764 :

« Que d'événements, l'évêque, depuis votre
départ! et je crois qu'il n'y a pas encore trois
mois. Celui d'aujourd'hui n'est pas sans doute
le moindre. Je dis aujourd'hui, car si dans cet
instant madame de Pompadour n'est pas morte,
elle ne saurait passer la nuit, et, certainement,
l'abbé de Talleyrand vous en portera la nouvelle.
Elle meurt avec un courage rare à tout sexe. Son

mal est à la poitrine qui se remplit d'eau ou de pus, et le cœur engorgé et dilaté. De là vous jugez de ses étouffements; chaque fois qu'elle respire, elle croit que c'est la dernière. C'est une des fins des plus douloureuses et des plus cruelles qu'on puisse imaginer. Que vous dirai-je de son âme? Elle désirait, dès Choisy, de s'en aller mourir à Paris. Hier, on m'a assuré qu'elle demandait encore si elle ne pouvait pas y être transportée. Le Roi ne l'a pas vue depuis hier; elle a été administrée cette nuit. Le curé de la Madeleine de la Ville-l'Évêque ne la quitte pas. Voilà des sujets d'espérance de la miséricorde pour elle. Au reste, je crois que cet événement fera plus de bruit que d'effet. Vous sentez tout ce que cela veut dire, tant pour la morale que pour la politique. Je ne vous dirai rien des Jésuites. Le despotisme aristocratique des parlements à leur égard a imité le despotisme monarchique du Maroc. Celui que, pour moi, je regrette davantage, est le Père Berthier. Il réunissait la sainteté, la science, la gaieté, la douceur et la simplicité... »

Le ton avec lequel le Dauphin parle de madame

de Pompadour est bien différent de celui avec lequel il la traitait dans cette grande lettre que nous avons citée. La mort inspire le respect, même lorsqu'il s'agit de ceux qui le méritent le moins ; et lorsqu'une âme va paraître devant Dieu, un chrétien doit s'incliner et se taire. Le Dauphin, qui avait tant souffert de la vie de madame de Pompadour, n'eut que de la pitié pour sa mort. Mais il avait deviné juste ; le Roi resta tel que les années l'avaient fait : « ni la morale ni la politique ne changèrent », suivant les tristes et prophétiques expressions du Dauphin. Le duc de Choiseul, qui avait craint un instant de voir son crédit ébranlé, se rassura bientôt et se vit plus maître que jamais de l'esprit de son souverain. Après avoir regretté sincèrement madame de Pompadour qui lui manquait, le Roi, comme toutes les natures égoïstes, l'oublia bientôt, et dès qu'il se fut habitué à ne plus la voir, il ne fut plus question d'elle dans ce Versailles où elle avait régné. La Dauphine, plus vive, plus ouverte aux illusions que son époux, avait espéré, du moins un moment, ce que le Dauphin avait tant désiré, mais ne se flattait plus d'obtenir, une part d'activité, l'emploi de ses nobles facultés et, en même temps, le retour du Roi aux vertus de famille. Cette femme, à qui, comme le dit Sainte-Beuve, on ne peut trouver que des vertus, ne cessait pas d'espérer, et elle exprimait cette illusion dans une lettre adressée à l'évêque de Verdun.

« **19** avril **1764**.

« Je ne sais trop par qui je vous écris, mon cher évêque, mais Adélaïde m'assure que la voie est sûre, et je me fie à elle. Nous avons perdu la pauvre marquise, comme vous le savez déjà. Les miséricordes du Seigneur sont infinies, et il faut espérer qu'elle les a éprouvées, puisqu'il lui a fait la grâce de communier, de recevoir l'Extrême-Onction et de pouvoir au moins profiter des dernières heures. On dit qu'elle a sincèrement reconnu et détesté le mal qu'elle a fait; il ne nous reste que de prier Dieu pour elle et encore plus pour que le bon Dieu, ayant jugé bon de la retirer de ce monde, fasse que la religion et l'État s'en ressentent. Le Roi est fort affligé; il se contraint avec tout le monde et avec nous. Notre plus grand désir est qu'il veuille bien regarder ses enfants comme ce qu'il aime le plus au monde, qu'il puisse se plaire avec nous, et que le bon Dieu touche son cœur, l'attire à lui et le sanctifie. Je ne vous exhorte pas pour cela, sachant bien quel est le but de tous vos vœux. Mais le moment exige un redoublement de prières. Adieu, mon cher évêque, soyez sage et ne me répondez pas; ne me parlez même de la marquise que par des voies sûres.

« MARIE-JOSÈPHE. »

Il fallut plus d'un jour à la Dauphine pour se convaincre que ses espérances étaient chimériques, et fière de quelque marque d'affection qu'elle recevait de loin en loin de Louis XV, elle n'y renonça jamais même complétement.

A défaut d'occupations sérieuses qui lui étaient obstinément refusées, le Dauphin put s'en créer une en cette année 1764, qui devait être la dernière de sa vie. Saisissant avec ardeur la moindre occasion d'employer son activité, il sut donner à un emploi frivole une importance qu'il n'avait ni dans la pensée, ni dans les habitudes de ceux qui l'entouraient. On fit à Compiègne **un de ces camps** militaires qui étaient plus une occasion de parade et de fêtes que d'exercices véritables. Cette année-là, le camp fut particulièrement brillant et animé. La cour y vint, et ce fut à qui déploierait le plus de luxe et de galanterie parmi les jeunes officiers de l'armée. Le Dauphin, qui avait toujours passionnément aimé les armes, saisit avec empressement cette occasion de satisfaire son goût et de tromper une passion qu'il n'avait jamais pu mettre à une véritable épreuve. Tout ce qui ressemblait à la vie militaire le charmait. Sa joie et son entrain furent si visibles que chacun le remarqua et que tous les yeux se tournèrent vers le prince, qui se montrait si vif, si aimable, et qui, contrairement à ses habitudes, ne craignait ni d'attirer les regards, ni de mériter les compliments. Il commanda lui-même son régiment, dont il porta tout le temps l'uniforme. La pluie, le vent, l'orage, rien ne pouvait diminuer son zèle. Affable et de bonne grâce, il se laissait aborder par chacun et traitait le soldat avec cette familiarité qui est toujours sûre de séduire. Un jour, la Dauphine eut la curiosité de voir le camp. Dès que son mari l'eut aperçue, il la prit vivement par-dessous le bras, et la présentant aux soldats : « Mes enfants, dit-il, voilà ma femme », à quoi les soldats répondirent par des hourras unanimes. Un autre jour, il vint en uniforme visiter le quartier où était campé le Dragon-Dauphin. Quelques soldats, l'ayant reconnu, se mirent aussitôt à crier : « Voilà notre colonel! » On salue son arrivée par d'universels cris de joie. On cherche une chaise pour le faire asseoir. Comme il ne s'en trouve pas, on apporte une botte de paille sur laquelle le Dauphin s'assied de la meilleure grâce du monde. Il cause avec les officiers, reste longtemps entouré de ses camarades de régiment et finit en demandant la grâce de quelques dragons qui étaient aux arrêts, « ne voulant pas, dit-il, qu'il y eût des malheureux dans un jour qui lui causait tant de joie [1] ».

« Attentif à tous ses devoirs, il commanda tou-

---

[1] Fragments des *Mémoires de madame de Gisors*, cités dans M. du Rozoir et le duc de Richelieu.

jours lui-même l'exercice et fut plusieurs heures
sous les armes, au soleil et à la pluie, avec l'air
de satisfaction que lui inspirait la pensée de celle
qu'il donnait aux autres. Après avoir passé la
revue devant le Roi, il ne revint pas auprès de
lui comme avaient fait tous les colonels des autres
corps, qui faisaient leur cour pendant que leur
régiment retournait au camp. M. le Dauphin re-
conduisit le sien à son cantonnement et attendit
qu'il y fût rentré et établi pour venir joindre le
Roi. Sa conduite, beaucoup plus efficace encore
que la règle, la fit observer de tous, et les régi-
ments qui campèrent après le sien furent doréna-
vant reconduits par leurs colonels. » Cette minutieuse observation de tout le règlement militaire
ne l'empéchait pas de conserver la modestie qui
sied si bien à ceux que leur rang met hors de
pair, et qui sont souvent portés à trancher de ce
qu'ils ne savent qu'à moitié. « Mes enfants,
dit-il aux soldats après une manœuvre, je suis
d'autant plus content de vous que vous avez fort
bien fait, quoique je vous aie moi-même fort mal
commandés. » Cette bonne humeur du Dauphin,

qui plaisait à tous, donna lieu à une chanson comme de coutume : tout alors était matière à chanson, et l'on pourrait appeler le dix-huitième siècle l'ère des chansons. On l'attribua à Collé, qui faisait parler un soldat en patois. Voici un couplet de cette chanson, qui n'a pas grand mérite, ou qui du moins n'a pu avoir que celui de l'à-propos [1] :

> Ma foi, v'là qu'est arrangé.
> Grand merci, not' capitaine;
> Reprenez votre congé.
> Le métier n'a plus rien qui nous gêne.
> J'ai vu Louis et ses enfants;
> Je veux mourir pour ces honnêtes gens.

Les deux mois que dura ce camp de parade passèrent vite pour le Dauphin. L'activité semblait remettre complétement ses forces, et il ne s'épargnait aucune fatigue. Il s'était lié très-intimement avec le prince de Condé, qui partageait ses goûts militaires et admirait profondément la vie austère du Dauphin. Aussi heureux que des

---

[1] BACHAUMONT, *Mémoires secrets*, p. 237.

enfants affranchis pour quelques jours de l'étiquette des cours, ils jouissaient avec bonheur de cette sorte de vacance que leur procurait le camp. La Dauphine, elle aussi, était heureuse de voir son mari plus en vue, plus apprécié. « Je vous ai bien regretté ici, mon cardinal, écrivait-elle au cardinal de Luynes; j'en parlais hier à madame de Chevreuse. Vous auriez été enchanté de voir M. le Dauphin en uniforme à la tête de son régiment [1]. » Enfin, ce camp de Compiègne fut un moment de plaisir pour tous les membres de la famille du Dauphin. Une seule chose troublait son contentement. « N'est-ce pas bien dommage, dit-il une fois en réponse aux compliments du prince de Condé, que je ne me sois pas trouvé avec ces braves gens dans des occasions plus brillantes! » Il lui était dur de ne pouvoir agir et exister que là où il ne s'agissait que de manœuvres de parade. Le Dauphin sentait qu'il était né pour faire mieux, et parfois l'inutilité de sa vie

---

[1] Lettre au cardinal de Luynes, *Vie de la Dauphine,* par le Père E. RÉGNAULT, p. 250.

venait l'attrister et remplir son cœur d'amertume.

Il arriva un autre jour au Dauphin une aventure assez amusante, qui le divertit beaucoup et lui fit honneur. Un grand seigneur anglais, lord H..., vint visiter le camp et demander des détails sur les différents campements [1]. Le Dauphin, qui se trouvait là en uniforme sans aucune décoration, lui répondit avec la plus grande obligeance, et la conversation s'engagea vivement sur la guerre pendant trois bons quarts d'heure. L'Anglais, qui ne connaissait pas le prince, lui parla sans aucun égard, comme à un simple officier, et lui ôta même son casque des mains pour le mieux voir. Le Dauphin s'étant éloigné, lord H... se mit à dire : « Voilà un jeune officier qui me parait bien instruit de son métier pour son âge. » — « C'est le colonel du Dragon-Dauphin », lui répondit-on. L'Anglais insista pour savoir son nom. « C'est M. le Dauphin » ; sur quoi il fut un peu troublé.

[1] PROYART, *Vie du Dauphin.*

On avertit le Dauphin en lui assurant qu'il n'avait pas été reconnu. « J'ai bien été un peu surpris, dit-il, du ton de familiarité qu'il prenait avec moi, mais je prenais ceci pour un effet des libertés anglaises. »

Ces quelques jours d'activité avaient rendu un peu de calme et même d'entrain au cœur attristé du Dauphin, en même temps qu'elle rendait à son nom et à sa personne dans l'armée, ainsi que dans le pays, un peu de la popularité que la calomnie de ses adversaires avait réussi à lui enlever. Ce fut un dernier rayon de bonheur qui éclaira cette noble vie au moment où Dieu allait y mettre un terme. On avait été forcé de l'approuver en le voyant agir; on allait l'admirer en le voyant mourir. Son mérite se fit jour un instant avant de faire place à la sublime assurance du chrétien en face de la mort.

CHAPITRE IX

Maladie et mort du Dauphin.

Ce fut à ce même camp de Compiègne, qui procura au Dauphin sa dernière joie, que parurent les premiers symptômes du mal qui l'enleva. Tout entier au plaisir de l'action, il oublia qu'il avait été menacé d'une maladie grave l'année précédente, et brava les intempéries de la saison sans nul souci de sa santé. Les exercices ayant l'air d'achever de le remettre, on le laissait faire sans scrupule. Vers le commencement d'août, il fit, par un jour de pluie, une grande promenade à l'abbaye de Royal-Lieu. Il y gagna un gros rhume, et bientôt sa poitrine fut menacée. Le mal empira rapidement, et les plus graves inquiétudes furent immédiatement conçues. La cour devait retourner à Versailles. Le Dauphin, qui n'avait jamais gêné personne et ne redoutait rien tant que de déranger les plans du Roi, voulut absolument que le voyage eût lieu. Il cacha son mal, parvint à tromper les siens et revint à Versailles avec son père. Mais à peine arrivé, il retomba, et d'une manière assez grave pour ne pouvoir plus dissimuler ce qu'il souffrait. Un crachement de sang, un dépérissement général ne laissèrent aucun doute sur le danger de la maladie. Le Dauphin tint bon cependant et lutta tant qu'il en eut la force. Il restait debout, assistait à toutes les fêtes de la cour et essayait de tromper les autres s'il ne se trompait pas lui-même. Il ne tarda pas, en effet, à se sentir profondément atteint, et, lassé comme il l'était par tant de désappointements successifs, il vit arriver la mort comme une délivrance. Il se prépara à quitter dans la fleur de l'âge le premier poste du royaume et peut-être du monde, comme d'autres ne quittent pas une vie de travail. En peu de jours, l'altération de ses traits fut telle qu'elle frappait tout le monde.

« Le pauvre Dauphin [1] a l'air d'un spectre et

---

[1] A la très-honorable lady Hervey. Paris, octobre 1765.

dépérit à vue d'œil », écrit Horace Walpole, alors à Paris : le même jour il écrit encore, parlant du Dauphin : « Pauvre créature, c'est en vérité un fantôme, et il ne peut vivre encore trois mois. » La Dauphine, moins que tout autre, ne se laissait pas tromper. Mortellement inquiète, elle prodiguait à son mari des soins incessants. Le Dauphin, de son côté, ne lui épargnait pas les témoignages de reconnaissance et de la plus vive tendresse.

« Oh! la digne femme, disait-il souvent; après avoir été aidé et soulagé par Marie-Josèphe, après avoir fait le bonheur de ma vie, elle m'aide encore à bien mourir. » Elle craignait un jour de l'ennuyer. « Non, mon cœur, lui répondit-il vivement, puis-je m'ennuyer quand je t'ai? Que je t'aime! »

Cependant, au mois d'octobre, lorsque le moment du voyage annuel de la cour à Fontainebleau fut arrivé, le Dauphin ne voulut absolument pas que le Roi renonçât à ses déplacements. Le Roi lui offrit bien de rester à Versailles, mais il se laissa facilement persuader que le changement ne serait point nuisible à son fils. Et le 4 octobre, toute la cour se rendit à Fontainebleau. Le malade parut d'abord éprouver un vif soulagement ; il reprit de l'appétit, la maigreur disparut un peu, et l'on put se flatter de voir la guérison rendue possible. Il écrivait, le 7, à l'évêque de Verdun :

« Fontainebleau, 7 octobre 1765.

« Il y a bien longtemps, l'évêque, que vous n'avez reçu de mes nouvelles, et quoique vous m'ayez fait la grâce de me dire que je ne faisais que mentir dans celles que je vous mandais, je ne vous en donnerai pas moins, quand ce ne serait que pour voir, par curiosité, si elles cadrent avec celles des autres. Depuis mon gros rhume de Compiègne, la toux ne m'avait pas quitté, et mes forces n'étaient pas encore revenues, quoique je fusse en train de me rétablir et que le lait de vache que je prenais le matin passât très-bien... Je ne connaissais pas l'état de langueur, c'est une fort vilaine connaissance, mais j'espère que par mon bon régime je m'en tirerai tout à fait, d'autant plus que je ne suis pas changé de caractère, toujours paresseux, puisque je n'ai pas voulu me donner la peine de retourner ma feuille. Par la même raison, je finis en vous priant de vous porter bien.

« LOUIS [1]. »

La Dauphine ne se laissait pas rassurer si facilement. « Je ne puis être parfaitement tranquille sur l'état de M. le Dauphin… La fièvre est diminuée… Voilà ce qui soutient mon espérance, mais mon unique confiance est en Dieu ; c'est de lui seul que j'attends la conservation de M. le Dauphin [2] », écrivait-elle au roi Stanislas vers la même date. Elle ne se trompait pas ; le mieux apparent ne dura pas ; la fièvre, la toux revinrent plus violentes. L'insomnie s'ajouta à ces maux, et les médecins déclarèrent qu'il s'était formé un abcès dans la poitrine, de la plus haute

---

[1] Lettres du Dauphin, tirées des papiers de Nicolaï.

[2] PROYART.

gravité. Chaque jour le mal empira, et l'on eut perdu bientôt tout espoir.

La nouvelle de l'état de l'héritier présomptif du trône se répandit rapidement par toute la France, et le public se montra fort sensible au sort d'un prince qu'il avait peu connu et peu apprécié. On fit des prières publiques qui furent suivies par une grande foule. Enfin la mode, si puissante alors qu'on peut dire qu'elle régnait en souveraine, fut de s'intéresser au sort d'un homme qu'on avait calomnié autrefois parce que la même mode le voulait ainsi. Ces sentiments pénétrèrent même dans le peuple, qui se rattachait encore facilement à ses princes. L'église de Sainte-Geneviève était remplie de gens du peuple et de paysans qui priaient pour le rétablissement du Dauphin. Les troupes, qui venaient de le voir à Compiègne, ne cachèrent pas leur affliction, et le régiment du Dauphin, le Dragon-Dauphin, alla jusqu'à s'imposer en corps un jeûne solennel et public pour la guérison de son colonel. Un seul parti, cependant, ne partageait pas cette sympathie à l'égard du Dauphin. C'était celui qu'on nommait le parti philosophique. Voir disparaître de la cour le seul prince qui leur faisait obstacle, ne plus avoir à craindre le règne d'un homme religieux et ferme, voilà ce qui causait, à ceux qui faisaient profession d'être philosophes, une joie qu'ils ne pouvaient dissimuler. Ce raisonnement n'honore pas précisément les philosophes, qui, il est bien difficile de le contester, avaient plus d'élévation dans les paroles que dans le cœur. Il est nettement exposé dans une lettre d'Horace Walpole qui, à propos des Jésuites, caractérise vivement les craintes qu'on avait du Dauphin.

« Le Dauphin [1] n'a plus probablement que quelques jours à vivre. Sa mort, c'est-à-dire la perspective prochaine de cet événement, comble de joie les philosophes, parce qu'ils craignaient qu'il n'essayât de rétablir les Jésuites. » La mort, en effet, plus peut-être que beaucoup ne le prévoyaient, les exauça, en ne laissant au pouvoir affaibli de Louis XV d'autres mains pour le recueillir que celles d'un enfant, et prépara ainsi la

---

[1] A la très-honorable lady Hervey, le 28 octobre 1765.

voie à une révolution **où** devaient périr beaucoup de ceux qui l'avaient provoquée.

Pendant le mois d'octobre et la première quinzaine de novembre, l'état du Dauphin empira graduellement. Il dut garder le lit et fut administré dans les premiers jours du mois. La Dauphine a laissé une espèce de journal de la maladie de son mari, qui a été publié en entier dans la *Vie du Dauphin,* par l'abbé Proyart. Ce récit, dans sa simplicité naïve, fait assister, presque jour par jour, à la longue agonie de ce vrai chrétien, qui n'eut pas un instant de défaillance. Nous y puiserons divers exemples de cet admirable courage qui ne se démentit pas un moment.

Toujours aimable, toujours souriant, c'était lui qui cherchait à soutenir les siens plutôt qu'il n'avait besoin de consolation. L'espoir de la guérison qu'on lui présentait quelquefois ne semblait lui offrir aucun charme, et jamais il ne voulut la demander à Dieu [1]. Après avoir reçu le saint viatique une première fois, il tendit la main à sa

---

[1] Dans cet état d'esprit, le Dauphin refusa de recevoir le médecin du Roi, persuadé qu'il était de l'inutilité de tous ses secours.

femme avec un air de félicité parfaite en lui disant : « Je suis ravi de joie. Je n'aurais jamais cru que recevoir les derniers sacrements effrayât si peu et donnât tant de consolation, vous ne sauriez l'imaginer. » Quelques moments après, la Reine lui dit qu'elle était bien confiante et qu'il guérirait. « Ah! maman, dit-il vivement, gardez cette espérance pour vous ; car, pour moi, je ne désire point du tout guérir. » Une autre fois, il répondit encore à sa femme, qui lui disait que sa vie était nécessaire pour la religion, « que le bon Dieu saurait bien la faire triompher sans lui ». A tout moment perçait en lui le dégoût de l'existence qui le faisait aspirer à un monde meilleur. Il ne désirait plus vivre ; l'ennui, le sentiment de son inutilité avaient sourdement miné ses forces. Avoir eu tant envie de bien faire et n'avoir rien fait, c'était là la vraie source de son mal. On meurt rarement absolument de chagrin en cette vie, mais l'état de l'âme peut exercer une influence sensible sur le corps et enlever la force de résister à un mal qu'un ardent désir de vivre vaincrait peut-être. Le

Dauphin ne voulait plus vivre; il mourut de chagrin de voir l'État pencher vers sa ruine, sans pouvoir même se consacrer à essayer d'arrêter le mal.

Il est inutile de parler des soins prodigués par la Reine et ses filles au pauvre Dauphin. Marie Leczinska aimait trop son fils pour ne pas l'aider dans cette dernière maladie. Sa douleur était d'autant plus vive que, quelques mois auparavant, ayant appris que, pendant le camp de Compiègne, on avait voulu, mais en vain, profiter de la liberté de la vie des armes pour induire le Dauphin à quelques-uns de ces désordres si fréquents alors, et dont il s'était toujours tenu à l'écart, elle avait prié le ciel de lui ravir son fils plutôt que de le laisser succomber à de si honteuses épreuves. Croyant voir son vœu exaucé, elle se reprochait en quelque sorte la maladie du Dauphin et ne cessait d'élever d'ardentes prières vers Dieu pour qu'il eût pitié de son désespoir. Les filles du Roi faisaient, de leur côté, tous leurs efforts pour soutenir la Dauphine, que ses forces trahissaient souvent. Et le Roi, que faisait-il dans cette cir-

constance? Allait-il rester indifférent jusqu'à la
fin à côté de ce fils qu'il avait toujours tenu si
loin de lui? Sa conscience ne lui reprochait-elle
rien? Ces longues années où il avait laissé languir son fils dans une semi-disgrâce et dans un
ennui, première cause de son mal, ne lui in-
spiraient-elles aucun repentir? Rien ne montre
qu'il y ait eu seulement l'ombre d'un tel sentiment dans le cœur de Louis XV. Mais si froid,
si glacé que fût ce cœur, le spectacle des longues
souffrances du Dauphin réveilla pour lors un peu
en lui quelque vestige de sentiments paternels. Dans le début de la maladie, ne croyant
pas son fils si près de la mort, Louis XV continua à mener la même vie qu'auparavant. Les
spectacles mêmes continuèrent à Fontainebleau
jusqu'au 7 novembre, « au grand scandale de
tous les honnêtes gens », si nous en croyons Collé.
Mais lorsque le Roi vit la mort approcher de sa
demeure, il éprouva quelque émotion. Il donna
ordre de cesser les divertissements et vint plus
fréquemment rendre visite au pauvre malade.
Assis au chevet du lit de son fils, il parut vrai-

ment ému, sans cependant se laisser aller à aucun épanchement ni même se départir d'une réserve qui était devenue chez lui une habitude. Cette gêne qui subsista entre le père et le fils jusqu'à la dernière heure est bien exprimée dans ce passage du récit de la Dauphine. « Le jeudi matin, dit la Dauphine, le Dauphin me demanda comment j'allais et me dit : « Je crois « que vous avez plus de force et de courage au- « jourd'hui ; aussi je vais vous confier ce que « j'ai dit au Roi quand j'ai prié la Reine de se « retirer. Je lui ai demandé qu'il vous laissât « maîtresse absolue de vos enfants, si je venais à « mourir. » Je fondis en larmes, et je me jetai sur sa main sans m'apercevoir que le Roi entrait. Il le vit et me dit : « Prenez garde, voilà le Roi. » L'après-midi, il raconta ce qu'il m'avait dit à Adélaïde, et il ajouta : « J'ai bien mal pris mon « temps, car le Roi est entré dans ce moment, et « la pauvre créature a été obligée de renfoncer « ses larmes. » Ce trait ne serre-t-il pas le cœur? Ainsi, il n'était pas permis à la Dauphine de pleurer devant le Roi.

Le soin que le Dauphin prenait pour éviter
que le Roi ne s'occupât de l'éducation de ses enfants est assez frappant. Ce n'eût point été un
bon maître, en effet, et ses exemples n'étaient
point faits pour former la jeunesse. Après cette
première crise, qui eut lieu au commencement
de novembre, le Dauphin languit longtemps entre
la vie et la mort. Son courage et son énergie
ne faiblirent pas un seul instant. Voyant un jour
son médecin ému et troublé, parce qu'il lui avait
demandé s'il pouvait vivre jusqu'à Noël : « Vous
êtes ému, dit-il, mais rassurez-vous, vous savez
bien que je ne crains pas la mort. » Son calme
était si grand, qu'il retrouvait sur son lit de mort
la gaieté de sa première jeunesse, mais qui l'avait
un peu abandonné dans ses dernières années. Sa
sœur Adélaïde vint un jour le voir en lui disant
qu'elle avait quitté pour lui bien bonne compagnie, le Roi et la comtesse de Toulouse. « Voyez
donc, répondit-il, les égards qu'on a pour les
pauvres mourants. Leur moment est bien brillant,
c'est dommage qu'il ne soit pas plus long. » Sa
piété était ardente. Il reçut à plusieurs reprises le

viatique avec une foi si vive que chacun en était touché. Ses sœurs mêmes s'étonnaient de sa patience et de sa force, car dans sa jeunesse il était parfois assez impatient dans la souffrance. « C'est que ceci vient de Dieu et que c'est pour Dieu », leur dit-il simplement.

Tel fut l'admirable spectacle auquel la cour de Louis XV et la France du dix-huitième siècle assistèrent pendant deux mois. Tant de grandeur d'âme, tant de force frappèrent même les indifférents, et chacun oublia opinions et doctrines pour admirer cette mort, qui montrait à découvert la grandeur morale de cette âme d'élite. Il semble que le contraste même qu'il y avait entre cette force chrétienne et la frivolité spirituelle du temps rehaussât encore la beauté de ce courage, que le Dauphin puisait à sa vraie source. « Que de courage ! que de vertu ! » disait un jour l'ambassadeur de l'Empire en sortant de l'appartement du Dauphin. « Non, il n'y a que la religion qui puisse inspirer tant de courage », s'écriait le maréchal de Richelieu. Les souffrances du Dauphin devaient lui paraître douces si elles forçaient de pareilles bouches à louer le nom de Dieu.

D'un autre côté, la maladie se prolongeant, la cour fut retenue à Fontainebleau bien plus longtemps que de coutume. Ce séjour était triste en hiver et le palais peu commode à habiter. Les spectacles, cette partie essentielle de la vie d'alors, étaient depuis longtemps suspendus. Aussi, peu à peu, la foule d'indifférents qui suivait toujours le Roi et qui formait la cour commença-t-elle à trouver le temps long; le Dauphin mettait trop de temps à mourir. Cette impatience, peu déguisée d'ailleurs, fournit au royal malade l'occasion de donner une preuve nouvelle de sa patience. Il aperçut un jour, par ses fenêtres qui donnaient sur la cour, une voiture d'office, chargée de meubles qu'on emportait déjà, par précaution, pour être prêt le jour de sa mort. Puis entra un carrosse. « Voilà, dit-il, le carrosse des officiers dont on vient de charger les meubles sur la voiture. » A ce moment, on lui apportait un bouillon : « S'il faut, ajouta-t-il, que je le prenne tout entier, vous pouvez bien dire à ces gens-là de dételer, car je les ferais attendre trop longtemps. Il me faut mourir, car j'impatiente trop de monde. » Et il ne se plaignit pas autrement de cette preuve d'insensibilité bien capable d'inspirer un sentiment de colère à l'âme d'un mourant. « Je dois vous ennuyer, disait-il encore au duc d'Orléans, car je vous régale de temps en temps d'une petite agonie. »

« Ce moment (la mort du Dauphin), dit Collé dans son *Journal historique* (octobre 1765), peut ne pas arriver aussi vite que le désireraient les belles âmes des courtisans, qui n'aiment pas à voir languir un malade dans un endroit où ils s'ennuient. Cela les fait trop souffrir. » Walpole lui-même ne cache pas dans ses lettres la hâte qu'il a de voir finir la maladie du Dauphin, afin que les spectacles reprennent. Il faut avouer que cette impatience n'est pas tout à fait la marque de cette sensibilité dont les esprits du temps se faisaient gloire. Le temps que Dieu lui laissait, le Dauphin l'employait, avec un calme d'esprit qui ne se démentit pas, au règlement de ses affaires. Il avait brûlé lui-même la plupart de ses papiers. Le reste fut confié à la Dauphine, qui devait les remettre à l'évêque de Verdun, chargé de les garder pour le duc de Berry. Les dettes qu'il laissait, la plupart venues de sa grande charité, il en confia le payement au Roi. « Il ne laisse que quatre-vingt mille livres de dettes, qu'il a prié le Roi de faire acquitter. Quel trésor c'eût été pour la France que le gouvernement de ce prince économe[1] ! » remarque Collé sur ce sujet. Ses soins s'étendaient à tous ses protégés. Il recommanda un jour au contrôleur général un jeune homme auquel il s'intéressait, en lui disant : « Je veux, monsieur, que ce jeune homme soit placé pendant que je vis ; on l'oublierait bien vite après ma mort. » Sachant qu'il n'aurait bientôt plus besoin de rien , il distribua en souvenir ces menus objets, qui étaient alors si goûtés. Il prenait une joie enfantine à donner à sa femme ce qu'il croyait lui faire plaisir. Collé rapporte le trait suivant dans son *Journal,* qui, s'il est vrai, devait émouvoir profondément les assistants : « Il a donné à madame Adélaïde et à madame la Dauphine[2] les témoignages de la tendresse la plus

1 Collé, *Journal historique.*

2 *Idem.*

touchante, lorsque, peu de jours après avoir été alité, il coupa lui-même deux boucles de ses cheveux qu'il leur donna en les priant de les garder et en leur disant : « Hélas ! voilà tout ce dont je « peux disposer. » N'est-il pas singulier de voir que jamais on n'échappe entièrement à l'influence des temps où l'on vit ? Il y a dans cette anecdote un parfum d'antiquité grecque qui sent son dix-huitième siècle, et qui devait prêter à bien des phrases déclamatoires après la mort du Dauphin.

La fin des souffrances du Dauphin arriva enfin, et le spectacle donné par cette grande âme fut si touchant que les moindres détails en sont intéressants à rapporter. Le 16 décembre, son médecin, fidèle à sa parole, l'avertit qu'il ne lui restait plus que peu de moments à vivre. Le Dauphin le remercie de l'avertissement et demande aussitôt à recevoir une fois encore les sacrements. « Par la grâce de Dieu, je ne sens nulle attache à la vie. Je désirerais bien avoir une meilleure âme, mais je me confie en la miséricorde infinie de Dieu », disait-il simplement à son confesseur. Le Roi et les princes allèrent en grande pompe chercher le saint viatique, et la suprême consolation des mourants fut donnée au Dauphin, en présence d'une cour qui n'était pas habituée à assister à de pareils spectacles. Après la cérémonie, resté seul, il parla à ceux qui l'entouraient avec tant de calme et un bonheur si touchant, que le Roi lui-même fut ému, se pencha sur le lit et embrassa son fils avec une tendresse réelle. Il avait les larmes aux yeux. « Ah! s'écria le Dauphin, ému de cette marque d'affection, votre attendrissement est la seule chose qui me fasse de la peine en ce moment; je vous ai toujours été inutile, et je vous laisse chargé de mes enfants. » Dans le courant du jour, il fit son testament. Les journées du 17 et du 18 se passèrent doucement; il s'affaiblissait toujours plus. Il se fit lire les prières des agonisants. Le cardinal de Luynes lui demandant s'il faisait le sacrifice de sa vie : « Ah! si vous saviez, répondit le Dauphin, combien ce sacrifice me coûte peu! » La Dauphine fut emmenée de la chambre, épuisée de veilles et d'anxiété, et malade elle-même; elle s'était fait conduire chez elle. Les deux époux avaient mutuellement, et l'un pour l'autre, fait le sacrifice de ne plus se voir. Singulier usage du temps que nous aurions, aujourd'hui, peine à comprendre. Certes, maintenant, il ne viendrait plus à l'idée de personne de séparer une femme de son mari dans ce moment fatal. Rien n'était plus naturel alors, et désirer le contraire eût semblé une faiblesse. On avait honte de montrer ses sentiments, et ce qui paraîtrait maintenant insensibilité et négligence passait encore pour vertu et possession de soi-même. Mais la pensée du Dauphin suivait sans cesse sa chère Marie-Josèphe, sa chère Pépa, comme il l'appelait. Il demandait constamment de ses nouvelles : « Peut-elle encore pleurer? N'y a-t-il rien à craindre pour sa poitrine? » On voyait bien qu'elle ne sortait pas de sa pensée. Ce même jour, le jeudi 19 décembre, il reçut encore une fois la communion; il se sentait lui-même arrivé au terme de ses souffrances. Sa joie et sa paix augmentaient sans cesse. « Est-il possible, disait-il, qu'on goûte tant de douceur aux approches de la mort! » « Je n'aurais jamais cru, Sire, disait le duc d'Orléans au roi, qu'aux portes de la mort on pût conserver tant de sérénité et une paix aussi profonde? — Cela doit être ainsi, répondit le Roi, quand on a su, comme mon fils, passer toute sa vie sans reproche. » C'était bien là, en effet, le secret de cet admirable sang-froid. La vie du Dauphin avait été sans tache. Il voyait venir la mort comme une amie qui allait le délivrer d'un fardeau qu'il avait parfois trouvé bien lourd.

Dans la journée, le Dauphin eut un instant le désir de voir ses enfants; mais, oublieux de lui-même jusqu'à la fin, il voulut épargner à leur jeunesse le pénible spectacle d'une agonie, et il fit appeler seulement leur gouverneur, M. de la Vauguyon. « Monsieur de la Vauguyon, dit-il, je vous charge de dire à mes enfants que je leur souhaite toutes sortes de bonheur et de bénédictions. » Ici, le courage du Dauphin fléchit, et il ne put continuer. Se tournant vers son confesseur : « Ah! monsieur, dit-il, il ne m'est pas possible de poursuivre. Achevez de dire en mon nom ce dont nous sommes convenus. » « M. le Dauphin, reprit le confesseur, recommande par-dessus tout aux jeunes princes la crainte du Seigneur et l'amour de la religion ; il leur recommande de profiter de la bonne éducation que vous leur donnez, d'avoir pour le Roi la plus parfaite soumission et le plus profond respect, de conserver toute leur vie, pour madame la Dauphine, l'obéissance qu'ils doivent à une mère aussi respectable [1]. » Il vit aussi, dans ses derniers moments, le chevalier du Muy, celui qui l'avait si fidèlement aimé. Comme il pleurait amèrement, le Dauphin le consola de la façon la plus tendre et lui recommanda de se conserver pour ses enfants. « J'espère que Dieu les protégera, mais surtout que leur jeunesse ne vous éloigne jamais d'eux. » M. du Muy se souvint plus tard de la recommandation du Dauphin, quand il accepta d'être le ministre de Louis XVI. Après avoir entendu la messe pour la dernière fois, il dit qu'il était temps de réciter les prières des agonisants. Il les suivit tout le temps sans faiblir, et, seul, ferme au milieu de tous les assistants, il reprit d'une voix forte ces paroles : « *Proficiscere, anima christiana, de hoc mundo.* »

[1] PROYART.

Tout le reste de la journée se passa en prière, qu'il n'interrompit que pour demander des nouvelles de la Dauphine, de la Reine et de ses sœurs. « Mon Dieu, s'écriait-il, serai-je long-temps privé de la joie ineffable de votre vue? » Quelqu'un lui dit que toute la France demandait sa guérison. Après un moment de silence, le Dauphin leva les bras au ciel et s'écria : « Ah! mon Dieu, je vous en conjure, protégez à jamais ce royaume, comblez-le de vos grâces et de vos bénédictions les plus abondantes. » Ce pays qu'il avait tant aimé et qui ne devait pas garder le souvenir de cet amour inutile qui n'avait pu se développer, il ne l'oubliait pas, même dans la mort, et lui donnait sa dernière pensée. Il n'avait pas tenu à lui qu'il ne lui eût donné toutes ses forces. Tout ce qu'il avait pu faire, il l'avait fait; il s'était consumé de travail pour apprendre à le bien gouverner. Sa vie s'était usée de chagrin à la vue des maux de ce pays. Il mourait découragé, mais il pouvait se dire qu'il était quitte envers la France et qu'il ne lui avait pas manqué. A minuit il demanda qu'on lui appliquât l'indulgence *in articulo mortis,* et son confesseur lui ayant demandé s'il était toujours disposé à accepter entièrement la volonté de Dieu, il répondit vivement : « Oui, si j'avais mille vies et mille santés en ma disposition, je les sacrifierais à l'instant au désir qui me presse de voir mon Dieu et de le posséder. Je n'ai jamais tant souhaité de le connaître en lui-même ; il doit être bien grand et bien admirable. » Enfin, le vendredi 20 décembre 1765, au matin, le Dauphin mourut avec une paix et une douceur qui n'appartiennent qu'aux justes au moment d'entrer dans la véritable patrie.

Telle fut la fin de ce prince, digne de sa courte, mais noble existence. Ce qui n'avait paru durant sa vie qu'une vertu sans éclat parut de l'héroïsme à sa dernière heure. Si j'ai insisté sur les moindres détails de cette belle mort, c'est que l'on a peine à en détacher ses regards. Pourquoi l'esprit de l'homme s'attache-t-il toujours à tout ce qui lui montre la mort ? Pourquoi y a-t-il toujours un intérêt poignant dans le récit des derniers moments d'une vie qui s'éteint ? Ne serait-ce pas que, la mort étant notre avenir à tous, chacun regarde avec une curiosité anxieuse comment d'autres ont traversé ce passage fatal pour se préparer à ce qui l'attend lui-même? En voyant mourir le Dauphin, on ne peut s'empêcher de dire que, pour finir ainsi, il fallait avoir vécu comme lui. Pour mourir comme lui, il fallait être comme lui un chrétien véritable, parce que la foi seule peut rendre l'homme vainqueur de la mort. Pour ceux-là, elle n'a plus d'aiguillon, ils entrent dans la paix.

Lorsqu'on apprit à la Dauphine la mort de son époux, sans dire un mot elle s'évanouit. Il n'est pas besoin de s'étendre sur sa douleur. On a vu trop bien dans le cours de ce récit ce qu'était l'affection des deux époux pour qu'il soit nécessaire de décrire ses souffrances. « Le bon Dieu, écrivait-elle peu après à son frère Xavier, a voulu que je survive à celui pour lequel j'aurais donné mille vies. J'espère qu'il me fera la grâce d'employer le reste de mon pèlerinage à me préparer, par une sincère pénitence, à rejoindre son âme dans le ciel, où je ne doute pas qu'il demande la même grâce pour moi. » Ces quelques lignes en disent plus long que toutes les réflexions. La pauvre veuve ne devait pas attendre longtemps l'heure d'être réunie à son époux, à celui qu'elle avait uniquement aimé dans sa vie. La Reine s'unit à la douleur de sa fille. Le coup était rude pour cette mère qui avait eu si peu de bonheur dans sa vie. Elle pleura amèrement ce fils, né sous des auspices si favorables, qu'elle voyait mourir sans qu'il fût sorti de l'obscurité et de la disgrâce. Elle s'efforça de consoler la Dauphine, mais, comme celle-ci, ses forces ne devaient pas résister à cette dernière épreuve. Le Roi se montra sincèrement affligé ; ses regrets furent réels, mais il ne semble pas qu'ils fussent mélangés d'aucun remords. Le cœur de Louis XV était trop glacé par l'égoïsme pour qu'aucun avertissement en troublât la fausse paix. Il fut ému quelques jours, puis reprit sa vie ordinaire, et retourna à ses divertissements. Rien ne le pouvait faire sortir de sa froide immobilité, fruit de ce pouvoir absolu qui avait éteint en lui, dès le berceau, tous les sentiments naturels.

La France ressentit vivement la perte qu'elle venait de faire. La beauté de cette mort, l'élévation des sentiments chrétiens et patriotiques qui avaient brillé jusqu'au dernier moment chez le Dauphin, émurent toutes les classes de la société. Les pauvres pleurèrent un prince qui les comblait de bienfaits et n'aspirait qu'à diminuer leurs charges. Ils vantèrent hautement sa charité, son désintéressement, son soin de ne léser personne, de ne pas augmenter les dépenses, et cette économie qui ne l'empêchait pas d'être généreux dans l'aumône. Le contraste qui naissait naturellement entre cette sage parcimonie et l'incurie qui régnait dans les finances augmentait encore les regrets. Avec cette mobilité qui caractérise toujours l'opinion en France, tout ce qu'on avait dit autrefois sur le caractère et les mœurs du Dauphin fut oublié en un instant, et l'on ne songea plus qu'à ses vertus. Cette même société de Paris, qui riait auparavant de la gravité de ses mœurs, n'eut qu'une voix pour faire son éloge.

« Ce prince, dit Collé [1], n'a été connu et aimé que depuis sa maladie ; il est regretté de la nation

______

[1] *Journal historique.*

par ce que l'on apprend tous les jours : la façon héroïque et courageuse avec laquelle il meurt a d'abord commencé à ramener les esprits qui étaient le plus prévenus contre lui. » Les philosophes eux-mêmes, qui l'avaient tant calomnié, du moment qu'ils ne craignaient plus de le voir régner, se mirent à célébrer les qualités, les talents même de celui qu'ils n'avaient cessé de représenter autrefois comme un homme lourd d'esprit et incapable. A la vérité, comme nous le disons un peu plus loin, leurs éloges n'auraient peut-être que médiocrement plu à celui qu'ils faisaient semblant de pleurer. L'émotion passa de la France à l'Europe entière, et pendant que toute la France retentissait des oraisons funèbres du Dauphin, M. Maty, savant célèbre qui était en relation avec tous les esprits distingués de l'époque, écrivait au duc de Nivernais : « Permettez à un étranger de mêler ses larmes aux vôtres et à celles de toute la France. Germanicus, pleuré des Romains, le fut aussi de ses voisins, des ennemis mêmes de leur empire. Si M. le Dauphin jette encore les yeux sur la terre, il n'y voit plus que des cœurs français. »

« C'est, je crois, la plus grande perte qu'on ait faite depuis Henri IV », écrit Horace Walpole. Cet éloge, échappé à des étrangers indifférents, n'est-il pas le plus beau que l'on puisse faire d'un homme qui n'avait aspiré qu'à faire le bonheur de son pays?

Le Dauphin fut, suivant son intention, enterré dans la cathédrale de Sens. Il avait exprimé ce désir dans son testament, et dans ses derniers moments il avait lui-même demandé au cardinal de Luynes, archevêque de Sens, s'il y avait des caves dans le chœur de son église. Les funérailles furent célébrées avec pompe au milieu d'une foule nombreuse accourue des campagnes environnantes. La douleur qui y régnait était vraie, et tout se passa au milieu du recueillement général. « Ce bon prince aurait diminué nos tailles ; c'est Dieu qui nous punit, nous ne méritions pas de l'avoir pour Roi. » Telle était l'oraison funèbre que les paysans, accourus pour ce spectacle, se répétaient les uns aux autres. Le cœur du Dauphin fut porté à Saint-Denis et déposé à côté de la première Dauphine, qu'il n'avait jamais oubliée. On éleva à Sens un monument magnifique qui y subsiste encore. Il est de la main de Guillaume Coustou. Le Temps y est représenté couvrant deux urnes d'un voile funéraire. Le plan de ce tombeau occupa beaucoup la société artistique du temps. Diderot fit cinq projets différents. Cochin, l'éminent graveur, en fit plusieurs dessins. Celui qu'exécuta Coustou a échappé à la Révolution française. Les cendres mêmes du Dauphin furent sauvées de la profanation : recueillies par une main pieuse dans le cimetière de Sens, elles furent rapportées dans le tombeau en 1816.

A peine les cérémonies de l'enterrement furent-elles terminées que commencèrent les oraisons funèbres. Il y en eut pour ainsi dire un déluge ; dans chaque église, dans chaque académie on voulut avoir la sienne. J'ai vu un recueil de ces oraisons funèbres, qui ne forment pas moins de trois gros volumes in-8°. Presque toutes sont de stériles déclamations qui n'ont guère de mérite. Celle que l'archevêque de Toulouse, Loménie de Brienne, prononça à Notre-Dame de Paris, fit quelque bruit, mais n'eut pas l'approbation commune. Celle de l'abbé de Boismont fut plus heureuse et commença la réputation passagère de son auteur. L'académicien Thomas, qui ne manquait jamais l'occasion de faire un discours, nous a laissé un éloge du Dauphin, où l'enflure et la déclamation ne font pas défaut. Ce qu'il y a de curieux, dans cette harangue écrite dans le style ampoulé qui était alors à la mode, c'est le soin que prend l'auteur de représenter le Dauphin comme un partisan des idées philosophiques. A lire cet éloge, on croirait que le héros est un collaborateur de l'*Encyclopédie*. « Ce fut, suivant Thomas, un homme tout occupé à développer en lui le germe philosophique, à étudier les systèmes de politique et de philosophie, à découvrir et à punir les abus. » Il le représente comme l'ami, presque le disciple de Montesquieu, et oublie le chrétien pour ne parler que du prince studieux et éclairé. C'était, en effet, une tactique habituelle au parti philosophique; dès qu'un acte éclatant attirait les regards publics, il fallait aussitôt en faire profiter le parti et la doctrine. La charité n'était plus qu'un vague amour de l'humanité. La fermeté chrétienne était travestie sous les traits d'une insensibilité stoïque.

La Harpe lui-même nous a donné plus tard, dans ses écrits, le secret de ces éloges perfides. Il convient qu'on voulut à tout prix faire tourner au profit de l'école et de la secte l'admiration générale qu'avait excitée la mort du Dauphin. Il fallut en faire un philosophe malgré lui. On avait trouvé sous son chevet un volume du philosophe anglais Locke ; il avait dit quelque part : « Ne persécutons jamais » : il lisait et apprenait l'histoire de Hume. Il n'en fallut pas davantage pour que Diderot habillât à l'antique ce chrétien du dix-huitième siècle, et la scène touchante de la boucle de ses cheveux laissée à ses enfants et à sa femme devint un trait placé parmi les plus remarquables de la philosophie. Enfin, pour consacrer cette espèce d'adoption, le patriarche de la philosophie, Voltaire, oubliant qu'autrefois le Dauphin avait contribué à le faire éloigner de la Cour, fit le distique suivant :

Connu par sa vertu plus que par ses travaux,
Il sut penser en sage et mourir en héros.

C'est à cet hommage involontaire, mais par là
même plus éclatant, rendu par des ennemis de
la religion à un de ses plus fidèles défenseurs,
que Fréron fit allusion dans les vers suivants,
malheureusement très-médiocres :

> J'ai vu dans sa fougue effrénée
> L'impiété même étonnée
> Baisser un front présomptueux
> Et publier par son silence
> Et le triomphe et la puissance
> De l'héroïsme vertueux.

Tout en louant le Prince mort, les philosophes
ne se faisaient pas faute de flatter par occasion
celui qui vivait encore. Un pauvre capucin de
Paris, le Père Fidèle, avait fait une oraison funèbre
assez ridicule, pleine de traits de mauvais goût,
mais où il s'était permis de faire une allusion
assez directe aux talents militaires du Dauphin et
aux obstacles que cette vocation avait rencontrés
dans la volonté. « Monseigneur, disait-il, s'est
proposé d'imiter ses belliqueux ancêtres ! Eh ! qui

ne sait que s'il avait pu disposer de sa volonté
pour les campagnes suivantes, Lawfeld et Raucoux eussent été son Versailles et son Choisy ? »
Le lendemain, le bon Père fut interdit et renvoyé
dans son couvent, et il n'est pas de railleries dont
il ne fut accommodé dans les feuilles des philosophes et en particulier dans les correspondances
de Grimm rédigées sous leur inspiration.

La Dauphine, nous l'avons dit, malgré le
désir qu'elle avait de vivre afin d'élever ses
enfants, mourut quinze mois après la perte de
tout ce qu'elle avait aimé, le 19 mai 1767. Dans
les derniers temps de sa vie, le Roi lui avait témoigné une affection très-visible, et elle lui fut
enlevée au moment où elle allait peut-être acquérir assez d'ascendant sur lui pour le ramener à
une vie meilleure. La perte de son fils et de sa
belle-fille, suivie bientôt de celle de sa femme,
livra de nouveau le Roi aux mains de ceux
qui ne savaient que trop comment dissiper ses
ennuis. Peut-être leur eût-il échappé si sa famille lui eût offert un refuge dans sa vieillesse.
Ce fut la juste punition de sa conduite passée. A

la fin de sa vie, il ne trouva personne autour de lui pour l'empêcher de tomber de plus en plus profondément dans l'abîme de la corruption.

Un des biographes du Dauphin raconte qu'on le trouva un jour appuyé sur le balcon de Bellevue et fixant sur la ville de Paris, qu'on apercevait dans le lointain, des yeux pleins de larmes. Quelqu'un, s'approchant familièrement, lui dit : « Monsieur le Dauphin a l'air bien pensif. — Je songeais, répondit-il, aux délices que doit éprouver un Roi en faisant le bonheur de tant de gens. » Ces paroles sont la vive expression du sentiment qui remplit toute sa vie et qui en a avancé le terme. Le désir de faire le bonheur du peuple qu'il se croyait appelé à gouverner, le regret de ne pouvoir y consacrer ses facultés, la douleur de voir l'avenir de cette chère patrie compromis par une faiblesse et des discordes qu'il ne pouvait prévenir, le combat entre un patriotisme ardent et le respect filial qui l'empêchait d'y donner carrière, telle fut l'épreuve qui consuma cette belle âme. Il mourut dévoré par le sentiment de son inutilité. Il se trompait cependant ; l'exemple d'une telle vie, le contraste qu'elle forme avec tout ce qui l'environne dans ces tristes temps de notre histoire, ont à eux seuls une utilité véritable et un précieux intérêt. On nous pardonnera de nous y être arrêté quelques instants. Il nous a semblé que dans les temps agités où nous vivons, séparés du passé, comme nous le sommes, par tant de révolutions successives, faire revivre un instant un si noble caractère serait à la fois un encouragement pour le bien et une justice rendue à une société qui n'est plus, mais dont l'ombre, en quelque sorte, nous couvre toujours. Ce plaisir si vif qu'éprouve l'historien à pénétrer dans un monde inconnu et à y faire connaissance avec des figures qui honorent l'humanité et qui se perdent à demi dans l'obscurité du passé, nous ne l'avons jamais éprouvé plus vivement que devant le personnage intéressant de ce digne fils de France, et nous voudrions l'avoir fait partager à nos lecteurs.

TABLE DES MATIÈRES

PARIS. TYPOGRAPHIE DE E. PLON ET Cie, 8, RUE GARANCIÈRE.